大雅

为一种品格注脚

老子的哲学

王邦雄 著

广西人民出版社

出版说明

每个时代的优秀教师，都以他们独特的言说影响着时代的精神状况乃至历史走向。今天仍然如此。因是，以出版的形式保存并共享这些珍贵的声音，以加深这种影响的广度和深度，是我们尝试"新师说"丛书的初衷。

早在人类轴心时代，柏拉图学园的门扉上就镌刻着"不懂几何学者不得入内"，学园里的教师们极深研几，试图以像数学一样精确的方式，对复杂而微妙的世界进行解释和分析，并赋予它们以秩序。孔子杏坛讲学，目的也是传授一种贯通天道与人伦的法则，这种法则既是宇宙的动力，也是我们日常生活与内心秩序的基础。此外，他们还试图唤醒一种行动的力量，一种合理塑造这个世界的简便方法。这些，对后世影响至深。

在今天，即使那些最好的教师或许都不再具有以上雄心。但哪怕是出于功利化的考量，他们的工作也并非可有可无。一旦跳出宏大的历史之流，把他们放到具体而微的时代横剖面，我们就能意识到这一点。他们对经典的熟稔以及对时代的感知，使得传统呈现出历久弥新的光亮，也使得时代的问题在一个不一样的视野中被照察。这些，对于我们处理今天的问题，无疑是富于启示性和建设性的。

除此之外，我们也有着其他方面的兴趣，我们希望保持足够的开放性，以面向世界与人本身的丰富性，以及思想的诸多可能。课堂蕴含着无限宝藏，积历史之厚，展未来之阔，愿"新师说"延续古老的"师说"传统，一如我们先人以及很多文明在传承中所做的那样。

王邦雄,台湾云林人,1941年生。台湾师范大学中文系、台湾文化大学哲学研究所毕业,获文学博士学位。曾任鹅湖月刊社社长、台湾淡江大学中文系教授,研究、讲授道家哲学多年。著有《老子的哲学》《老子道德经的现代解读》《庄子寓言说解》等。

修订二版序

老学讲论三十年

王邦雄

《老子的哲学》写于1978年至1979年间，是升教授的论文，距今已近三十年。新版改为横排，并略作校正修补，而以新的面貌发行。

当初，原以"老子哲学的形上架构与其政治人生的价值归趋"作为学术研究的专题，在《鹅湖月刊》连载发表，每个月写两万字，连登五期成册，通过审查，1979年8月升等教授。

我当时任鹅湖月刊社社长，看诸多专栏，都难以为继，无疾而终，故率先作一示范，证明只要专注凝聚，经由连载的责任感，不到半年间，就可以完成升等论文。1980年9月，正式成书，由台湾东大图书公司出版。一者仅十万字的篇幅，似嫌单薄，二者又担心学术论文读者难以消受，故加了两万字之多的序论《谈儒道两家的"道"》，此为演讲录音整理，在现场氛围的激发之下，较有灵动的活力，可读性高了许多；且由儒学导向道家，或许可以解消阅读理解的艰难。

虽说五个月写成，却积累了多年教学的功力，原典精熟，《道德经》八十一章均被引进论文书写中，且每一字句都可以融会贯通。而今作自家的读者，重温昔日沉浸经典而寻求新解的心路历程，那可是用生命去解读而有的智慧结晶呢！

最大的遗憾在，最后的结论未竟全功，一者气力已耗尽，二者已无篇幅可以挥洒，故以《现代意义》的结语匆匆收场。我想以当时的学养，尚不足以对老子哲学的现代意义作出深具洞见的价值观点。尽管美中不足，空留缺憾，却为未来预存可以发挥的空间。

其后，发表了《当代新道家的生命进路》（收在《儒道之间》），以回应"当代新儒家"返本开新的理想呼唤，并与魏晋新道家作出区隔，不以自然反名教，而以道家虚灵的智慧，作为走向现代化的精神动源。并进一步承接牟宗三先生"一心开二门"从传统开出现代的创发理念，而有"从孔孟让开一步到老庄，再由老庄下来一步到荀韩"的新思维（收在《生命的实理与心灵的虚用》）。

舍此而外，《老庄思想的生死智慧》《道家思想的伦理空间》《身心灵三层次的生命安立之道》《老庄道家论齐物两行之道》（收在《中国哲学论集》增订版），皆对治现代人生的困惑，而给出从解构走向重构的化解之道。老学讲论三十年，至此总算有了道贯古今的整体论述了。

（2006年）

目录

序　论　谈儒道两家的"道"
　　　　——从儒道两家的"心",谈生命价值的开发 / 001

第一章　身世之谜及其成书年代的推断 / 035

第二章　哲学问题 / 049
　　　第一节　由时代背景看 / 052
　　　第二节　由思想渊源看 / 060
　　　第三节　由地域色彩看 / 071

第三章　人的生命何以成为有限 / 077
　　　第一节　心的定执与道的封限 / 080
　　　第二节　物壮则老与不道早已 / 106

第四章　即有限而可无限的实践进路 / 123
　　　第一节　由致虚守静到微妙玄通 / 126
　　　第二节　由专气致柔到见素抱朴 / 145

第五章　生命精神与政治智慧 / 165
　　　第一节　生命精神 / 167
　　　第二节　政治智慧 / 180

第六章　价值重估与历史回响 / 201
　　　第一节　价值贞定不住，生命无所归属 / 203
　　　第二节　精神主体的自由，艺术之美的观照 / 217

结　语　现代意义 / 229

序　论　谈儒道两家的"道"

——从儒道两家的"心",谈生命价值的开发

本文是笔者在耕莘写作班、东海、辅仁与台师大的演讲词,由台师大中文系的同学录音整理,再经由笔者润饰补正。笔者研究中国哲学有年,写下的论文不免背负了学术论文的包袱,不大能放得开,故可读性不高。这篇演讲词的整理,自然较为平易,故以此文发表,并作为笔者《老子的哲学》一书的序论。或许通过本文的疏导,读者较能走进拙著《老子的哲学》的思想领域里,对中国哲学的精神也较能有亲切的体会,与恰当的知解。

人会向自己发问:人为什么活着,我要往何处去?这个问题的提出,本身就显现了生命庄严的意义。人之成为万物之灵,就从这里开始。我们要问,生命的价值何在?人生的方向又如何贞定?实则,意义得自己去寻求,自己去赋予。你参与人间,承担使命,生命的存在就会涌现庄严而真实的意义。生命的意义,是我们赋予它,而不是它给我们。所以人生在世,

不能等待意义自己到来。今天我试图从儒道两家的思想,来谈谈生命价值如何开发的问题。

一、形而上与形而下

首先,我们从《易经·系辞上》的"形而上者谓之道,形而下者谓之器"这句话,开始反省生命进路的问题。孔颖达解为:自形外而上者谓之道,自形内而下者谓之器。宋代大儒张横渠亦以形而上是无形体,形而下是有形体解这句话。朱夫子便不大赞同,他虽认为理气是二元,却仍主理与气不可离,故反对以有形、无形区分道与器;而戴东原则解形而上是形以前,形而下是形以后,是以成形与否来区分。因此,《易传》此言在历代思想家的注疏中,皆各就己学加以二分。大略说来,形而上是在有形世界之上,叫道;形而下是有形世界,叫器;是两层划分的,一是感官所对的万有世界,这就是形器,另外有一个超乎官觉的无形存在,是让这一切有形世界所以存在的原理,我想即是指"天道"。一两千年来中国学者一直采信这个观点。当代日本学者即以"形而上者谓之道"来翻译西方的 meta-physics,就是所谓的形上学。在西方,physics 是物理学,meta 是"后"的意思,也就是在物理学后面的。"后"本是时间的先后,亚里士多德遗著编排出版时,他的学生将探讨宇宙形成之原理的那一部分,放在物理学后面。这种探讨宇宙之根本原理的学问，就是所谓的实现原理或第一哲学。因为排在物理学之后，就得名"后物理学"。"后"本是时间先后的意义，就那么巧，它所探讨的正是问物理现象与自然宇宙的上面或背后，它的原理是什么。形就是自然宇宙，也就是physics，形之上的原理，是meta-physics。因此日本学者以"形而上"来翻译meta-physics，可说是天衣无缝、神来之笔了。问题是以西方形上学的标准来看中国哲学，便不很恰当。我想，中国哲学和西方哲学，在特质上应该不一样，我说"应该"是有根据的。因为《易传》是儒家后起的经典，所以"形而上者谓之道，形而下者谓之器"这句话的解释，不能违背《论语》的义理系统。我以为，儒家最主要的义理，都集中在《论语》《孟子》，《大学》《中庸》《易传》是后起的。所以道和器的解释，不能远离《论语》本来的意义。由是引起我进一步的反省。另外，我也是台师大中文系出身的，有我们训诂文法方面的训练，所以不能轻易跟着前贤说是形以上、形以下，或者说形以前、形以后。我们必得先问，什么是"而"？"而"在这句话里面是什么样的用法？假如按照历代注解来说的话，形而上是当形之上来讲，有形世界之上的那个原理就叫"道"，有了天道的终极存在才有万有世界，也才有山河大地、鸟兽虫鱼。问题出在第二句话，什么叫"形之下"？形就是有形世界，哪里还有形之下？在有形世界之外，怎么可能另有在有形世界之下的存在？难道"天上""人间"之外，还有个"地下"？此不可解。另外一个可能的解释，把"而"当作"以及其"来解，形以及其上者就称之为道,形以及其下者就称之为器,这样原来的问题还是存在,"形以及其下"仍然不可解,另外更增加一个难题,"形"到底应安放何处?若说"形以及其上""形以及其下",则"形"已足跨两界,既是道又是器了。所以我认为"道""器"不该作如是解。道应该是"人能弘道"的"道",是人走的路,人所开出的路,通过人的心所开出的人文世界就叫道,本来就没有西方哲学在自然现象之上,作为万有世界之实现原理的意义。因此,依我的反省,"而"应该可当"往"解,是代表一种动向,生命的动向。我们说生命价值的开发,它的可能就在此,中国哲学的特质也在此。

"形"不是指外在的自然世界,而是指我们的形躯。每一个生命来到人间都有形躯,就是形的存在。我们要问:人要往何处去,生命的归属何在?人生的方向,先不问东西南北,而当问个上下。人生的方向,是东西是南北,系起于外在偶然的因素,人的生长历程,一生的种种遭遇,在在都受着来自社会各种条件的决定,这方面是没有必然性,也没有什么道理可讲的。但有一点,我们总是追求一条往上的路,这才有意义呵!所以我们先不要说生命的方向在东西南北的哪一方,而应该先问个上下。《易传》说"形而上""形而下",就是说人的生命都有一个"形",这是很公平的,问题在这个"形",我们是应该自觉的往上提升呢?还是顺任的往下去凝聚?因此,我认为所谓的形而上或形而下,是代表生命的动向。

第二个问题,我们要问"形"的内涵是什么。依我的理解,"形"包括三方面。首先,是指人的形躯最原始的生理、官能、欲求,生之理、官之能、欲之求是形躯生命最基本的存在。其次,是指人的性向才情,有的人在某方面反应特别灵活敏锐,有独特的才华,所以有王贞治、林海峰,也有纪政、杨传广。再次,是指人生命热血的表现,慷慨悲歌、从容就义,勇于面对与承担人间使命的生命热血。上述三者是与生俱来的,这就是所谓的"形"。那么我们该将它们往上升越呢,还是仅仅往下凝聚?往上升越的路就是"道"的路,往下凝聚的路是"器"的路,故一成道,一成器。

二、人生上下两路——成道与成器

有关"道"与"器"的解释,我们当然要落到《论语》与《老子》的义理系统去寻求。依照上述,以我们的生理官能、性向才情与生命热血,去承担人间的使命叫"道"。因此道是人走的路,是人间的大道,这就是成道的路。另外我们仅仅把我们的生理官能、性向才情与生命热血去凝聚下来,成就自己,我们可能是一个学者专家,也可能破纪录,在人间表现生命的精彩,但它可能只是"器"而已。因为成器仅成就自己,不一定能承担人间,为人类而活,所以生命有两条路——上与下。

当然,器并非不好,如俗语所说"恨铁不成钢,恨儿不成器",成器很好,成器是成就一个人的专技特长,我们在社会上扮演各种角色,当然希望成器,做个有用的人。但孔子说"君子不器",老子说"大器晚成"。我们先说"大器晚成","大器晚成"现在成为许多青年朋友自我解嘲的哲理教言,往好的方面说是自我期许——且看"他"日之域中,竟是谁家之天下。但老子本义,大器系指道的作用,是说道最后才完成它自己,即天下万物都能成就,我才成就,这叫"大器晚成",而不是说真正的大器到了晚年才能造就有成。故道是万物都成就了才成就它自己,道就在万物中成就它自己,这是老子所谓的"善贷且成"。老子又说:"道常无名朴。"朴就是好的,是生命的本真,是真也是美,当"朴"散落而去追求某一专门成就,这已是雕琢斫丧,即老子所说的"朴散则为器"了。孔夫子说"君子不器",故樊须请学农,孔夫子慨叹地说:"小人哉,樊须也!"因为孔子正是教学生去承担天下的使命,你是我孔夫子的学生,怎么只想去做个农学专家?所以他干脆说:"吾不如老农。"一个知识分子的路,在道而不在器,不是君子不想成器,而是君子不仅仅是器而已,他的生命热血,他的性向才情,不只是发展成就自己,而且要承担这个世界,这叫"君子不器"。所以"器"并非不好,但知识分子的胸怀抱负应该是不同的。

我们说"形而上""形而下",人的"形"可以往上提升飞越,也可以往下落实凝聚。后者并非不好,但往上提是大家往上提,而不只是我往上提。问题是生命往上提如何成为可能？人都难免有情绪陷于低潮，而失落自我的时候，我怎能保证自己一定形而上而不形而下。形而下的心，是墨子、荀子、韩非的心，是如何在人间成就一专家学问，去开出礼制、法制的客观体制，此涉及知识性、技术性的东西，并不决定生命方向应该向上的问题，即今所谓的专门知识。当前所有的大学科系均志在成器，都是属外王的学问。我们希望在人间承担什么，从事某一行业，在某一工作岗位，有某一方面的成就，即所谓"器"的功夫。今天台湾的大学教育显然忽略了所谓的"道"，大概文史哲科系由于讲文化传统，还可以维系"道"的理想于不坠。那么成道的可能根据，到底何在呢？就在中国人的"心"。故"形而上"的背后，实隐藏了一颗中国人的心，它是儒家孔孟、道家老庄的心，而不是墨子、荀子、韩非的心，后者成就的正是所谓的"器"，真正能开出"道"的，是儒家的孔孟、道家的老庄，我们就从儒道两家的"心"，来谈生命价值的开发。

三、儒家的人文之路——志于道，据于德，依于仁，游于艺

儒家的生命精神可透过《论语》"志于道，据于德，依于仁，游于艺"这四句话来说明，而道家的哲学旨趣，正是回应这四句话痛加反省与批判。

(一) 志于道

孔子尝言"吾十有五而志于学",并说"志于道"。何谓道?道是人生的大路;何谓志?志即心之所往,在先秦士本贵族之一——武士,有其人文涵养,受教育正是贵族的专利。自孔子始,才有民间教育,贵族没落,士因而流落民间。儒家六艺,礼乐射御书数,礼乐书数是属于人文的涵养,射御则属于武事的训练。战国四公子养士,士为贵族的家宰,附属于贵族豪门之家。士到了孔夫子时代已脱离贵族的约束,而走入人间社会,成为"天下士",非单为某一国君、卿大夫寻求治国平天下的道理了,而是要为整个时代承担生命存在的问题,此即"志"——士之心,也就是知识分子的心。而知识分子的心,就当去承担所谓的"道",即人间的大道,而非小径——小径是奇技异能之士与专家学者所走的路,须靠特殊的性向才情、生命热血,去表现生命的精彩,并非人人可为。人人都可以走的才叫大道,所以孔子说:"行不由径。"故志于道是为人类打开出路,找出每个人都能走的平等之路,不必待特殊的财富、身份、地位与权势就能走的路,市井小民、乡野村夫都能走的路,这才是人生的大道,这叫"志于道"。

(二) 据于德

再说"据于德"。怎样的路才是人人都可走,而非仅少数专家学者、有天才有地位的人才可走的?儒家说道德实践人格修养的"路",做一个好人是人人都能成就的,而做一个好人,做一个有道德人格的人,是生命境域最庄严最有价值的,古往今来多少人——当真是"大江东去，浪淘尽，千古风流人物"，能流传下来的有多少人，且真正能今古辉映，让人永难忘怀感动的是什么？是伟人的生命人格。故儒家为人类所开出的道路，是依据德行去开的，"十步之内，必有芳草"，每个人都可以做个好人，此即人生真正的大道。与身份、财富、地位无关，与阶级、种族、肤色无关，这叫"据于德"。孔子就以"据于德"，来规定"志于道"。

（三）依于仁

1. 呈现义——仁在心的不安处显

我何以能"志于道，据于德"呢？每个人凭什么都能成为君子做好人，成就他的德行人格？其根据何在？孔子告诉我们是"依于仁"，每个人都有仁心，我们之所以能通过德行的修养，开出人生的大道，是因为我们每个人都有仁心。问题在如何证明？《论语》"宰我问：'三年之丧……'"，孔门弟子宰我最富怀疑批判精神，问三年之丧的道理何在。他认为"期可已矣"，一年就够了，并提出两大理由。第一个理由是"君子三年不为礼，礼必坏；三年不为乐，乐必崩"。孔夫子志在重建礼乐——周文的礼乐。然周文的礼乐当时已开始崩颓，知识分子自当承担起重建礼乐的责任，宰我就逼问老师，大家都守三年丧去了，那么礼乐谁来承担？第二个理由是"旧谷既没，新谷既升，钻燧改火，期可已矣"。前者是属于社会功利的理由，此则为自然现象的理由，自然界刚好一年一个周期，谷子一年收成一次，四季用的木材也是一年轮换一次，所以服丧一年就够了。这是很标准的论说文形式——结论回应前言，中间是两大理由。孔子回答说："食夫稻，衣夫锦，于女安乎？"不对应宰我之社会功利与自然现象的两大理由去回答，而直指其本心安否。在父母过世的时候，你还食乎稻、衣乎锦，请问你，你的心会安吗？道德的问题是内心感受的问题，而非社会功利的礼坏乐崩与自然现象周期变换的问题，是人自己要承担，诉诸人最直接内在之道德感的问题："你内心安不安呢？"三年之丧最大的根据就在心会不安，没有想到宰我的回答竟是"安"。实则，说心安不安，一者不能以生命血气硬顶上去说安，二者也不能事先预期说一定安或不安，而是要诉诸生命现境的真实感受，与当下认取的道德自觉。孔子听宰我说安，也只能不高兴地说道："君子之居丧，食旨不甘，闻乐不乐，居处不安，故不为也。今女安，则为之！"故儒家讲道德学问，不能讲强制力，系靠每一个人道德心的豁醒，圣人立教也只能做到此一地步，或人格的感化，或生命的指点，政治法律才有强制力，圣人人文教化仅能提点你的生命，让你在这个随俗浮沉的生涯中，当下有一深刻的反省，问自己对不对、安不安、该不该。"宰我出"，宰我听了这段话，不晓得是生气，还是不好意思，就离开了。子曰："予之不仁也！"这不是说宰我没有仁心，而是说他的回答并非出自仁心，而系意气之言。"子生三年，然后免于父母之怀。夫三年之丧，天下之通丧也，予也有三年之爱于其父母乎！"当生命诞生人间，属于人生最脆弱、最不能保护自己的阶段，父母抱养我三年，那么在父母过世，葬身坟场，属于生命最孤独、最寂寞的时候，我要不要回报陪伴他们三年岁月？此即心安不安的问题，亦即所谓"依于仁"。人会感到不安，会有最真切的感受，这就是人之所以为人，成就一切德行的可能，是内在的根源，不是来自外铄的规范，是超越的根据，是不被外在的社会名利与物质条件所干扰打散，而超离在现实功利与物质引诱之上，去自作决定，此即所谓"依于仁"。仁是指人会感到不安，内在会感受良知对自我的呼唤，面对人生现境应该如何如何。仁就在心的不安处显现，人为万物之灵，即在人会自觉到人会不安，而不安是随时呈现的，在这样的情况下，道德才有必然性。在生命的方向，在人生的历程中，我们总是会逼显出价值的反省与道德的自觉，而随时会感到不安，此时不安即成为一切向上的动力，故要求心之所安，此即求成就一切道德的根源动力。

2.自觉义、主宰义与绝对义

孔子说："我欲仁，斯仁至矣。"前头说仁有呈现义，这儿说仁有自觉义，人都会有一分自觉，当我一反省到价值问题，我的心当下即可做自己的主人。孔子又说："克己复礼为仁。""复"是当"实践"来说的，另外"复"亦可当"回到"来讲，人自觉了才可以克己复礼，回到礼的轨道。所以仁会呈现，也会自觉，可做自己生命的主宰，决定生命的方向，有了仁，才能克己复礼，所以道德主体就在人的"仁心"，是以仁有主宰义。另外，孔子说："仁者安仁。"仁能够安于它自己，这一点很重要，儒家也讲"知者利仁"，知只是可以成就仁，有利于仁的实现，知本身不能定住它自己，知识不一定有方向，知识为中性，可以成就器，但不能贞定生命的方向，所以不能称之为道。就是自然科学也没有为人类的幸福带来什么保证。仁者可安于他自己，故无须外求，能自安自足，安于他自己的觉醒，安于他自己的感发，不用向外寻求他存在的意义。我为什么这样做，仁本身可以成立，所以仁有绝对义。我们可以通过德行的实践，开辟人生的大道，即在于我们有仁心——此仁心是随时呈现的，在心感不安时呈现，只要人一念自觉，仁就会显露出来，所以说"我欲仁，斯仁至矣"，且一念自觉之后即可"克己复礼为仁"，成为自己生命的主宰，仁就是最后的理由，可以自安自足，如此道德能定住它自己，若道德不能定住它自己，则道德变成有条件，诸如功利条件，与自然因素，都会变得很重大。是以道德要能成立，有其庄严意义，即道德是它自己存在的理由，所以做一个好人本身就是目的，而不能是成就其他目的的手段，这就是"仁者安仁"。

（四）游于艺

"游于艺"，六经六艺均可解为"艺"，就是所谓"外王的学问"，因其有道德心的自觉与承担，且此道德心是自安自足的，故其投入人间世界，就不会觉得有压力存在，或是勉强难为之感。道德事业不能是英雄事业，因为英雄事业是不能长久的。人走入人间世界去承担什么，不会有压迫感，也不会自以为是牺牲，此即"游于艺"。道德事业是不能靠烈士撑开的，烈士也不是人人能当的，儒家为人间所开辟的大道，不但是人性的可能，也是日常生活的随时可为，我们可安于道德生命的开展，而它本身既是庄严，又是悦乐。所以说："学而时习之，不亦说乎？有朋自远方来，不亦乐乎？"这叫"游于艺"。人生的大道是靠每一个人在日常生活中自安自足地去显现庄严的意义，不能靠别人帮我们撑着，也无须以使命感自我撑持，这样的话人是会被自己压垮的。

（五）人生的命限——斯人而有斯疾

在生命价值的开发中，儒家也反省到人生有限的问题。孔子曰："命矣夫！斯人也而有斯疾也！"死生穷达是为一存在的命限，死生有命，命有偶然的意味，这样的好人，却身罹绝症，我们还有什么话说，只是无语问苍天而已！儒家提出死生穷达是命限的看法，使人对道德生命的价值尊严不致引生怀疑，或失去信念，"道之将行也与，命也；道之将废也与，命也"。道之行于世，道之不行于世，有很多历史条件与社会因缘，故有许多命限的味道，是不能强求的。人生就在这个限制里面，试图去打开可以安身立命的正路大道。我们有生理官能欲求，我们生在特殊的时空中，面对不可知的未来与非理性的社会，去寻求一条保障存在尊严、实现生命价值的可能之路，这是人的命限。孟子曰："夭寿不贰，修身以俟之，所以立命也。"夭寿就是死生，人不应在这上面多所用心，因为这是"命也"，不如修养自己来面对人生的命限（此处俟若解为等待，则为劣义），在存在的有限性里，表现出生命的无限性来。社会因缘与历史条件都在限制我，但人要承受这个命，要在限制束缚中，来彰显生命无限的意义。人终究会死，死本是我的限制，我却可以反过来让死变得很庄严、很有意义，所以不是"命"限制我，而是我立"命"的价值意义。试想这是何等令人感动震撼的事，所以孔子说"朝闻道，夕死可矣"，人生命的感动兴发，人生命的奋起飞扬，是属于主体的真理，亦即儒家所开出的道，不仅成就自己，还担负他人的存在苦难。精神的无限，与生命的庄严都在此表现出来。

四、道家的自然之路——天地不仁，圣人不仁

（一）形上两路——人文之道与自然之道

从儒家所开的路，再反省道家所开的路。"志于道，据于德"，道与德是孔门《论语》特别提出的，而《老子》也以"道德经"为名，其重要理念皆通过《论语》而开出来。孔子学问是为周文礼乐深植人性之根，而老子是为儒家仁义礼开拓形上之源。所以我认为，老子是后起的，《道德经》不可能在《论语》的前面。老子的哲学，主要在反省"志于道，据于德，依于仁"这三句话。儒家士以天下为己任，任重而道远，而《老子·上经》第一句话："道可道，非常道；名可名，非常名。"即反省"志于道"。儒家一日三省吾身，学讲而德修，而《老子·下经》第一句话："上德不德，是以有德；下德不失德，是以无德。"批判"据于德"。我以为，人生的方向先不问东西南北，当分个上下，宋明儒说："莫勘三教异同，先辨人

禽两路。"在生命往上飞越的路，也可分而为二：一为儒家所开出的人文的路，由德性心开人生大道，通过历史长流，即成文化传统与人文业绩；另一为自然的路。人文的路是儒家开的，以人文化成自然，在自然原有的素朴世界里，通过诗礼教化，赋予人文的色彩与性格；而道家开了另外一条路，叫"自然"的路。自然的意义有二：一是相对人文而说的，人文在道家的了解是人为造作，人为造作产生了许多问题，会变成矫饰虚伪，礼为之僵化，反成人性的束缚；自然的第二个意义是相对"他然"说的，根据道家的观察，人的生命是受外在条件决定的，"然"是如此，他然就是外在条件使他如此，等于外在决定论，没有自己了。自然即指生命的本真，我存全自己真实的生命，而不被外在所牵引所决定。道家讲自然，是价值的意义。儒家看到周文礼乐流于形式，所以有"人而不仁，如礼何？人而不仁，如乐何？"的实质反省。孔子说："文质彬彬，然后君子。"文胜质、质胜文都不好。道家的反省即发现周文流于形式而成虚文，故反对人文，是走回返自然的路。不似孔子"以质救文"，从仁来开出礼乐，使礼乐有其实质精神，道家则"以质抗文"，故开出回归素朴的自然之路。

（二）可道与下德

首先我们看"道可道，非常道"。"可道"是通过人心去"可"的，是人心对道的解说与诠释。依老子的反省，认为可以言说的道，已经过人的语言概念所规定，其真精神、真生命就在语言概念中被限制住了。故道若可道，已非本来的常道，而是人心所规定的道，亦即儒家之"志于道"。老子以为这道已在人心认"可"的活动中，被定住了。其次再看"上德不德，是以有德；下德不失德，是以无德"。上德之人是不对德加以制约的，是以无心自得，反而有德；下德者唯恐失去德，执守于某一德的标准，生命不得自在而转成有限。老子认为儒家的道与德，是人心所开出所规范的道与德，故在人心的执取下，道变成可道，而不是常道，德变成下德，不再是上德。儒家的道德，是通过仁的发心，发而为义，转而为礼，仁是根源，义是判断，礼是通路。此把人的无限可能性限制了。依老子的反省，儒家的道与德是通过"仁"开出来的，此即"依于仁"，道德的根源在仁，所以他先要破这个"仁"。

（三）天地不仁，圣人不仁

老子云："天地不仁，以万物为刍狗；圣人不仁，以百姓为刍狗。"你看，这是不是在破儒家的"仁"？要破儒家的道与德，当然先得破儒家的仁。但不仁不是否定仁，不仁是无心，"不"是超越的意思，不是反对的意思，就老子的话说，不仁就是无心。儒家说天地的作用就是仁，所以天地才能生生不息地创生万物，圣人的道德人格教化人间，当然也是仁的发显，才能开出人间的大道。老子却说"天地不仁""圣人不仁"，根据我的了解，老子是看到儒家"志于道，据于德"的士之有心，有心的要为人间承担开路，他要问的是：是否在我有心的承担开路中，会使他人受到限制？是否我们的道德感、使命感，会让某些人产生压迫感，会让人受不了？我想道家并不是反对儒家，而是反省到儒家道德感太重、使命感太强时，对他人的生命存在会产生压力，所以他认为天地没有自己，才能实现万物，圣人没有自己，才能实现老百姓。没有自己就是无心，我们有心去担负他人，为他人开路，结果对方就在我们担负、开路的时候受到限制。老子这方面的反省很有意义，他想到假定我不去为他开路，不去担负他的存在，才是真正为他开路，真正担负他的存在。我不为他人承担什么，也不为他人开路，这就是不仁，也就是无心。儒家有心，所以有为；道家无心，所以无为。无为就可以开出无不为，我无为，不再去决定人家，我无为，放下了对他人的担负。我无为，我自由了，而别人也不受干扰了。我们为什么老是要背起十字架，这对我是一种负累，而对他人来说，我把他背在身上，你看看，他感受如何？我自身负荷不了，他也承受不了。他会说我好委屈噢，我不能自己站在大地上，我被你背着，那我算什么，我什么时候才能走自己的路？依道家的观照：当我放下的时候，当下我就得到自由得到解脱，而他人也不再受委屈而显得自在，当然也有他自己了。

（四）无为而无不为的实现原理

道家就从"无为"讲"无"，从"无不为"讲"有"。"无为"是功夫，"无"是境界，通过"无为"的功夫，开显"无"的境界，再由"无为"的"无"，去朗现"无不为"的"有"。"无不为"的"有"，就是天地自成天地，万物自成万物，人自成为人，每一物每一人都能自在自得，这就是"有"。"天下万物生于有，有生于无"，是说天下万物之所以能存在，有它自己，表现它真实的生命，是由于"无为"的"无"，才能实现"无不为"的"有"。我放下了，你就能自己站在大地上，我让开一步，你就能走自己的路。所以道家以为真正的实现原理，不是由人的仁心德性去投入去担负，而是由人的虚静心去放下去让开，当我放下来的时候，当我让开的时候，我自己自由了，别人也不受委屈了，他可以实现他自己，我也可以实现我自己。这样的话，每个人都有真实生命，这才是"道"。实现原理就是"道"，就是由无为的"无"，去实现无不为的"有"。

道家对治儒学所讲的"天地不仁""圣人不仁"，不仁就是超离放下，就是无心，就是让开。我们可以如斯说：老师没有自己，就可以成就学生，而带动学生的成长。道家是针对儒家有心有为的道德担与人文社会所可能产生的流弊，诸如人为造作的灾难，意识形态的灾难，助长强求的灾难，爱之适足以害之的灾难，有一痛切的反省。

多少人以圣人自居，却伤害他人而不自知，真正的圣人是没有自己的。所以说："圣人无常心，以百姓心为心。"这是无心无为最好的解释。圣人没有自己的心，天下老百姓的心，就是他的心，这才是真正伟大的政治家。依我的看法：在政见演讲时，不要老说我认为如何，实则不是你认为如何，而是他们怎么想。有位美国国会议员在记者访问他的时候，说："我认为怎么样并不重要，我的选民认为怎么样那才重要！"这才是真正的国会议员。若政见演讲老是谈自己，他可能没有想到，自己所代表的或即将代表的是哪些人，"圣人无常心，以百姓心为心"，就有这一方面的反省与智慧，所以当代讲民主，道家是最好的民主风度。我让开一步，让他走自己的路，这不是真正的民主吗？我把你放下来，让你对自己作自由的选择，这不是民主吗？我们大可以从这方面来欣赏道家。

我们总是想，我们要成就什么，要承担什么；但很可能，在我们想去成就、承担的时候，刚好限制了自己，也束缚了别人。这一方面的道理最好从母爱来体会，我认为老子对母爱的"慈"有深刻的体会。在我自己的生命体验中，我反省自己今天能走自己想走的路，没有去考医科、挤工商，能成就我自己的这一条路，是妈妈成就我的。再问妈妈如何成就我？妈妈是以不决定我的方式决定我，妈妈放开我，让我决定我自己。妈妈决定我，是以不决定我来决定我，道家的精神就在这个地方。妈妈没有自己，每个儿女才有他自己的路，才有他自己的生命成长。假如天地有自己，哪里还有万物？假定圣人有自己，哪里还有百姓？假如妈妈有自己，哪里还有子女？更浅近地说，假如妈妈有自己的话，那么最好的菜还没有上桌，早在厨房就不见了。

这就是实现原理，道家并不是凭空玄想一套实现原理。探究山河大地从什么地方来，就设想一个第一原理，通过理性思辨，给予合理的解释，这是在生命之外的观解。而道家所讲的是来自于人生深刻的体验，真正的实现原理在无心无为，通过

"无为"开显"无不为",也就是"无"才能朗现"有"。所以道家不是无中生有,这个"无"是通过修养功夫的无心无为,放下让开,消解他人的委屈束缚,让每一个人自在自得,从这边来讲实现原理。"以百姓为刍狗""以万物为刍狗"的"刍狗"不是抛弃的意思,而是放开的意思。天地无心,放开万物,万物才能成就它自己;圣人无心,放开百姓,百姓才能走他自己的路。

(五)心知的执取与情识的困结

《道德经》反省人生的困顿与政治的纷扰,主要来自人的有心有知。老子云:"天下皆知美之为美,斯恶已;皆知善之为善,斯不善已。"此中关键就在"知"上,"天下皆知美之为美",当我们的心知执取什么是"美"的时候,相对的,我们就把其他不合乎这个标准的,贬为不美,美的另一边就是丑。本来人间真实的生命,就他自己来说,无有不美,《庄子·内篇》的人物多有丑陋残缺的形相,但在庄子的笔下,也显得"才全而德不形"的生命美好。问题在当天下皆知美之为美的时候,已然把标准定住,并对其他不合乎这个标准的,一概判为不美。你看,这对人的生命来说,是多大的一种束缚和伤害。

"皆知善之为善,斯不善已。"这并不是说,当天下人皆知什么是善时,善就会变成不善。这不是从善的本质上说,而是从人的主观标准说。当我们说什么是善的时候,就是用一些条件,用一些内涵来规定它的外延,凡不合于这一界定的就是不善。所以老子认为天下人知什么是善、什么是美的同时,善与美已被定住，而变成有限。因为人的心知一执取，说个善，相对的不善就出现，说个美，相对的丑就出现。一有善，就有不善；一有美，就有不美。人本来是置身在一个素朴自在的世界里面，人就是他自己，每一个人都有自己的路。但是当我们心知开始执取的时候，我们把这个世界划成两半，自己跌入了这个相对的世界不说，也把他人推入这个相对的世界中。我们有没有想到，被我们判为不善不美的人，就他本身的真实来说，是善也是美。所以老子才会说："不善者吾亦善之。"这不是说老子没有是非，而是要取消心知的妄执自是，无心而皆善。由心知的执取，而有价值的定位，每一个人都去追寻这一个美，竞逐这一个善，而不要他自己，委屈他自己。遂再由价值的定位，转生行为的趋避，人人奔竞这个善，人人追逐这个美，而避开那个不善不美。人的路开始被决定，在心知的执取之下，每一个人都追寻同样的目标，而金牌仅有一面，金像奖也仅有一座，很多人产生挫折感。由行为的趋避，而有情识的缠结。压抑啦、失落啦，还有焦虑、恐慌，一切人生的悲苦困惑，都从这边开始引生。以是之故，道家要讲无心，无心就是无主观的标准，无心知的执取。我们把一个本来素朴自在的世界划分成两半，自己跌入在这个相对的世界里面，规划成一个小框框的格局，好像是鸽笼一般，又把他人关进里面。结果，才呼喊："我受压抑啦，这个世界好小呵！"世界好小是因为你的心知所搭建的世界，被弄成一个又一个的小格局，把自己放到里面去，被束缚住，然后在那里喊："世界好小。"依道家的想法，我无心无为，把这个格局拆掉，这世界不是又成了海阔天空的世界，空旷无垠，我不就可以逍遥自在了？所以老子以"无心"为善，就叫"德善"，德善无心，才能人人自得其善。

在政治方面，他也有相同的反省，老子云："不尚贤，使民不争；不贵难得之货，使民不为盗；不见可欲，使民心不乱。"老子并不反对贤，也不反对难得之货，贤是一个自然，难得之货也是一个自然，它本来就是黄金，它本来就是钻石，你不能说："咦！这黄金钻石太人为造作了！"它没有，它本身并没有妄自尊贵，抬高自己的身价。问题就出在君王有为的崇尚尊贵上。君王崇尚这个、尊贵那个，崇尚这个贤，尊贵那个难得之货，这一来，大家闻风景从，去追逐这个，寻求那个，所以民就争，就为盗，盗这个难得之货，争那个贤。为了争那个贤，假仁假义出现了，假如君王喜欢仁义，他就伪装仁义，仁义被假造被污染了。所以唐君毅先生说：当代的世界，最好的东西，都被讲成最坏！你说仁义，他也说仁义；你说解放，他也说解放。到底哪一边是真仁义真解放了？所以君王的崇尚，君王的尊贵，这一尊贵崇尚，对天下人民产生误导，君王礼敬这个，赏识那个，促使每一个人都去竞逐君王所想要的善，于是权谋险诈的斗争出现了。道家反省这个问题，根本就出在君王的尚与贵。尚与贵是有心有为，君王有心有为，天下就争就盗，老子就在这一意义下，说绝圣弃智，绝仁弃义，绝弃的是予智自雄与假仁假义。归结地说，就是不见可欲。"可欲"是在人民心中抛给他们可能有的预期愿望，我将来可以拥有什么，几年以后我可能成就什么。这一来，民心大乱矣！所以说君王要不见可欲，就可使民心不乱。天下父母心，有时跟小朋友讲条件：你考了第一名，就可以拥有一部迷你脚踏车。讲这种话最不良，让他有个预期，他心里想，什么时候才有想望的脚踏车，假如考不到一百分，岂非心愿成空？这会产生很大的压力。我家小朋友，幼儿园大班。一个学生从美国带回来几副扑克牌，花样很美，给我送了过来。我就收藏着，当作摆饰品。他每天都看见，就问："爸爸，我什么时候可以玩这些扑克牌？"我不在意地说：小学四年级。此后，日子就不平静了，他有时问我二年级行不行，一年级行不行，甚至说：我生日那天行不行。这就是"可欲"，使他的心大乱。不见可欲，就是不要把一个预期摆在他心里面，民心才不会大乱！这个"可欲"，跟孟子讲的"可欲之谓善"不一样，孟子的可欲是良心下个可不可、该不该的判断；而道家的可欲是从心里冒出来的一种想望期求来讲可欲。所以孟子的可欲是善，而老子的可欲，则不免大乱民心了。

（六）圣人不伤人

此外，再举《老子》一段很有代表性且发人深省的话："以道莅天下，其鬼不神；非其鬼不神，其神不伤人；非其神不伤人，圣人亦不伤人。"假定我们以清静无为来治理天下的时候，天下的牛鬼蛇神就不会发挥它的威力，这叫"以道莅天下，其鬼不神"。圣人清静无为，老百姓就会自在自得，他不会有缺憾感，不会有挫折感，没有缺憾、没有挫折的话，他就不会受制于某些超人的神异鬼怪之说，老百姓的生命常足无缺，天下的牛鬼蛇神就会退位，不会以怪力乱神的姿态出现。

"非其鬼不神，其神不伤人"，再深一层讲，并不是说天下的牛鬼蛇神没有威力，而是说就算天下的牛鬼蛇神都有它的威力，也不能伤害到人。因为人心无缺无憾，内在自在自得，就是牛鬼蛇神有它的威力，也不能侵扰人。只有在生命最悲苦无依的时候，魔鬼才会进驻我们的心，来伤害我们。

"非其神不伤人，圣人亦不伤人"，更根本地说，并不是牛鬼蛇神不能伤害人，追根究底是圣人不伤害人。老子的意思是：我们所以会受到牛鬼蛇神的侵入，是因为圣人先伤害了我们。圣人不以道莅天下，让你觉得人间多所残缺，生命多所遗憾，所以你才会有求于外，那个时候，牛鬼蛇神就会伤害你。当前某些特殊的教派，在这个社会上发生了非理性的影响力，是很值得我们深思的。我个人觉得，人只有自己救自己，假定自己不能好好修养自己、充实自己的话，上帝是救不了我们的，更不要说那些荒谬怪异的说法。就从上帝的信仰来说好了，诸位想想看，假定在我孤苦无助的时候，才去跟上帝会面对话，那上帝仅成为慈善家而已；在我想要报复的时候，才去祈祷上帝赐给我力量，那上帝岂不是成了仇恨家了！只有在自身的道德修养与人格境界上能无限开展，那时上帝才是无限的，天道才是无限的。

（七）人生的定限——爱亲之命与事君之义

我们再由《庄子》来看看道家对生命有限性的反省。老子说生命的有限，是来自人的有心有为。人有心有为，这个世界就变成有限的世界。"志于道，据于德"的道德，都是人心规格出来的。我们困在这一个画地自限的世界中找出路，当然人人不自由，物物不自在。庄子说："子之爱亲，命也，不可解于心；臣之事君，义也，无适而非君，无所逃于天地之间。……知其不可奈何而安之若命，德之至也。"庄子对生命的体验，亲切有如《论语》，我个人读《论语》和《庄子》都有一分相应的亲切感，我认为庄子在《人间世》《德充符》两篇对人生体会的深刻，可以说比孟荀更亲切细微，孟荀毕竟在理论上多所建立发挥，在生命的体验上不如庄子深刻且富有启发性。

"子之爱亲，命也"，儒家决不会这样讲。子之爱亲，所以是命，是因为"不可解于心"，父子之亲是解开不了的心结，就是登报声明脱离关系也没有用，父子之间的亲情，是本质意义的内在关联，而不是发生意义的。发生意义的是外在关联，你可以说，我要，我不要，夫妻关系就是如此，本质意义就不能，所以父子关系不可解。庄子说爱亲是命，看起来他好像把子的爱亲，当作是一担负、一限定，这个说法似乎不太好，实则，他想说的意思是，这是生命存在的真实，是解不开的，我们试图解开的是对死生与是非的执迷与困惑，子女爱双亲，对儒家说来，是仁心的自然流露，也是一切道德的始基，然对道家说来，就因为是不可解于心，心不得虚静自由，当然是命，但是庄子并没有逃开的意思。道家讲放开一切，但我们要问：放开一切，能不能放开自己的父子家人？道家讲无心自在，好像把人文道德全盘否定掉了。这样精神解放了，生命也自由了，但是我们的父子家人，我们的家国天下呢？所以，庄子尽管讲精神的自由、生命的自得，子之爱亲，仍是不可解的命，我就在爱亲里自在，就在家国天下的担负中自得。不可解于心，不可误解为庄子受不了，他急于跳开逃离。

我们再看"臣之事君，义也"。臣之事君是义，义是人所当为，是作为一个人的责任，人活在世上，是一个事实，人既来到这个世界，一定就有生身的父母，这一亲情的锁链是与生俱来的，所以是不可解的。另外，人来到这个世界，也要有个落足栖身的地方。不管你落足何处，栖身哪一个国度，总要面对政治，面对法律。人生的限定，就在人必得投身在某一政治社会的时空背景中，这叫"无所逃于天地之间"，你能够逃到什么地方去，逃到夏威夷，逃到美国新大陆，"无适而非君"，只是所面对的是卡特而已！在美国的土地上，中国人有什么地位呢？美国再好，心里会贴切自在吗？逃往国外，是生命的自我放逐，天涯羁旅，却仍然逃不开，所以说无所逃于天地之间。你不管逃到什么地方去，天涯海角都会面对政治法律，所以是无所逃的，人已在天地间，作为一个人总要面对这一事实。

庄子不说立命，仅说："知其不可奈何而安之若命。"这是无所逃的，无可奈何的，无所逃也就是不可解，所以义也是命，只好安之若命。儒家不以爱亲事君为命，而直以为是发自仁义的应然表现，道家却以爱亲事君为无可奈何的存在限制，安之若命，就是接受这个限制吧！儒家的安，是求吾心之所安；道家的安，是就无心超离而说安。生命的无限，就在存在限制中去突破去开展，我还是要爱亲、爱天下国家，就在爱亲、爱天下国家中讲无限性，讲自在逍遥。所以爱君事亲，对庄子来说，是无担负的担负，无烦恼的烦恼。儒家说就是大道不行，就是斯人而有斯疾，你还是要做好人尽孝道。依我的观点看，儒家是从德性心的自觉挺立，去投入去担负，走的是以道德实践去开发生命价值的无限；道家以为价值的实现之道，不是去投入去担负，而是去超离去放开。超离放开也可以开发价值，让开了，放下了，实现我，也实现他人的真实生命，没有人有负累，也没有人受委屈，这就是道家所讲的"无为而无不为"的实现原理。

五、生命的成长之"大"与飞越之"化"

儒家由孔而孟，道家由老而庄。孟子把孔子的天道理想，落在人的主体生命中展现，所以说尽心知性以知天。庄子也把老子超越的天道，内在于人的生命主体去体现，所以说有真人而后有真知。《孟子》书中说大丈夫、说大人，说圣、说神，皆就生命价值的开发说，《庄子》书中说天人、至人、神人，说圣人、真人，也就生命价值的体现说。是两家思想，就生命价值的开展体现而说，到了孟庄已臻高峰。所以最后就引《孟子》与《庄子》的体证作为说明。

孟子说:"可欲之谓善,有诸己之谓信,充实之谓美,充实而有光辉之谓大,大而化之之谓圣,圣而不可知之之谓神。"我们看看孟子的成德历程,这段话正是生命成长飞越的历程。

"可欲之谓善",人都有生理官能欲求之"欲",这就是我所谓的"形"。就人的形躯说,本无所谓善,无所谓恶。到底是什么让人的自然生命,开始走向生命有上下的里程?人生在世,顺着形躯自然的路,则不论东西南北,无处不可漂流。假定生命没有方向,可以不问东西南北,则美国可以,巴西也可以,赌场可以,舞厅也可以。欲之可以是善,问题就在"可"字,"可"是良知判断的可不可,自然形躯通过良知做主的情况下,才能成就善。人之所以为人,就在人会走向人的道、人的路,不然的话,人仅有欲求的路、自然的路。此"可欲之谓善"与老子所讲的"不见可欲"不一样,老子的"可欲"是心知的执取,孟子的"可欲"是本心的价值判断。

"有诸己之谓信",有诸己,"诸"是"之乎",当作"之于"说,有之于己的"之",是指可欲所成就的善,这个善要能有之于己,也就是通过自己的实践而体现,那才是信,所以信是向自己的生命负责。一般以为人言为信,孔子却加了一个前提:"信近于义,言可复也。"在言合于义的条件下,所谓的诺言才能付之行动。儒家这个观点值得深思,如"己欲立而立人,己欲达而达人",我认为不仅是当作我自己能立,也要立别人讲,还要当作我要自己去立,让别人也能自己去立讲,这就是"己立而立人","己达而达人"也是这个意思。我们不代别人立，也没有人能代别人立。儒家只是担负人文教化，引发人们在仁的呈现中自觉自立，去自作主宰、自我挺立，去自安自足，这就是"有诸己之谓信"。

"充实之谓美"，充实这个善就叫美，儒家以善来规定美，道德生命的充实显发就是美。充实而有光辉就是成就人格的大。我认为从"欲"来说，人本来是很渺小很脆弱的，不过是生理官能欲求的存在。甚至从生理官能的"欲"来说，人还不如动物，六福村野生动物园的那个世界，人要住进去，也是不太容易的。所以从"欲"来说，人尽管是小，通过良知的自作主宰，却可以成其大，"充实而有光辉之谓大"，这是生命人格修养的大，这是生命价值开发的大。一个小朋友，从上幼儿园开始，小班、中班、大班，再进入小学、初中，再登上高中、大学，诸位想想看，这代表一种不断往上爬的成长历程。这个成长，开发了生命存在的价值，也树立了生命存在的尊严，这就是既充实又有光辉的"大"。

"大而化之之谓圣"，道家说儒家的圣人，有心有为，不免伤害人，是不一定能成立的。《论语》讲"望之俨然"，也说"即之也温"，圣人成就了"大"的人格，还要把那个"大"的形象化掉，这就是"大而化之之谓圣"。一般就生命的修养说超凡入圣，实则，就生命的圆满说，应是超圣入凡。是孔子由"五十而知天命"，再回到"六十而耳顺"，这才是真正的圣人，圣人就在我们的生命周遭，不会让人对他有高远难及之感。我们看耶稣、孔夫子、释迦牟尼等圣者，哪一个会给人压迫感，使人有压迫感的就不是圣人。"大而化之",是成就生命人格的"大",再通过修养,把这个"大"的形相也化掉,使自己平易近人,这才是圣人。这如同禅宗三关,由见山是山,进为见山不是山,再回归见山只是山。见山是山的第一关是小,见山不是山的第二关是大,见山只是山的第三关则是化。这样的圣人才能接引世人,教化人间。不是光塑造一个超绝的形相,让每一个人向他俯伏礼拜,认为自己是微不足道的,是卑弱堪怜的。我这样说不是指责任何教义,而是说儒家有这样的修养,道家也有这样的反省。

"圣而不可知之之谓神",成就圣人的人格,是一无限的飞越历程,你说圣是最高境界,那么圣人已被定住,所以道家认为儒家把圣人定在一个地方,就不再有无限的开展,所以要说绝圣弃智。实则儒家开出"圣而不可知"的领域,是一无止境的成长飞越。从儒家来说,"可欲"的可,是就德性良知说,"欲"是就自然形躯说,可欲就是良知作为形躯的主宰,去成就"大""圣""神"的境界。"圣""神"是指人格的伟大,生命的无限性。从生命的无限性来讲"神",从人格的极致来讲"圣"。圣要内圣外王,不是我自己伟大,而是担负每一个人的存在,让他也一样伟大。儒家讲内圣外王,由内圣外王成就形而上的"道",不仅是成就自己、成就形而下的"器"而已。对儒家来说,每一个人都内圣了,才算是外王的完成。

再看《庄子·逍遥游》大鹏怒飞的寓言,庄子说:"北冥有鱼,其名为鲲。"北冥是北海,北海是生命的孕育之场,这里头有一条鱼,其名就叫鲲。鲲是什么?鲲是鱼子,"鲲之大,不知其几千里也",鱼子是小,庄子却把这个鱼子说成不知其几千里的大。庄子的谬悠之说、荒唐之言、无端崖之词,果真一开始就粉墨登场了,把最小讲成最大,这不是注解家所说的"便是滑稽的开端"。寓言是说一个故事,故事中的主角是鱼,是鹏,但所指的是人的生命人格。鱼子变成不知其几千里的大,这是由小到大。正如孟子从"可欲之谓善",到"充实而有光辉之谓大",也正是指出生命是由"欲的小"到"有光辉的大"的成长历程。

"化而为鸟,其名为鹏。鹏之背,不知其几千里也",由"鲲"化而为"鸟",这个化是代表生命境界的往上飞越。人老在大地上东西南北地奔走,说是行万里路,读万卷书,问题是永远在原地绕圈圈,尽管不远千里,长途跋涉,却没有想到要走自己的路,往上去的路。人不能光走人间量化的路、破纪录的路,同样的路,走了千百圈有什么意义。假定这是一段没有价值意义的路,你就是走了百十万里又怎么样?是以人生的庄严就在分个上下。化成为鹏,是在生命的成长之外,还讲到生命层次的提升。由鲲的大成为鹏的大,此已由大地起飞,从平面的生命,翻转成立体的生命。"怒而飞,其翼若垂天之云",大鹏奋起而飞,两翼伸展拍合之间,有如云垂天旁的威势。"是鸟也",像这样的一只大鹏鸟呵!"海运则将徙于南冥",当海上长风吹起的时候,它就要飞往南冥。海上长风是自然,道家的生命是在自然中展现,人的主体生命要由小而大、由大而化地成长飞越，再与整个自然结合，去成就生命的最高理境。儒家不是，儒家的主体生命也要由小而大，由大而化地壮大飞扬，然不藏身在自然世界中，而要投身在人文世界中，在历史文化的传统中，去开展生命存在的价值。

由小而大，由大而化，儒家讲，道家也讲，这不是巧合。因为两家都讲道，都在探讨生命的进路与理境。儒家是在由小而大、由大而化的历程中，以人文化成自然，去成就生命的理想。道家是要从人文回归自然，生命就在自然中，去开显真空妙有的理境。趁着海上长风吹起的时候，大鹏就振翅高飞，飞往南冥。由北海北冥，飞往南海南冥，庄子说南冥者，天池也，天池就是终极理想境。在这儿我要告诉诸位：北海南海，是一段寓言。事实上，北海就是南海，我们不要以为道家理想境，是在这个世界之外的世外桃源，桃花源就在人间世。道家的山水田园，就在我们的心中开，就在"子之爱亲""臣之事君"里讲逍遥，讲自在，这是无所逃也不可解。所以禅宗说"烦恼即菩提"，菩提何在？菩提就在烦恼中开，就好像问理想的婚姻何在？理想的婚姻就在柴米油盐中显。不通过柴米油盐，就没有理想的婚姻可说；不通过烦恼，也没有菩提好讲。

六、结论——儒道两家的宗教精神

且让我们综括一下全篇，中国哲学独特彰显的，是开出生命由有限而通向无限的价值之路。从这一点来看，中国哲学也深具宗教精神。我们从有限开无限，不仅承担自己的存在，也承担一切人的存在，宗教最伟大的精神，就在承担一切存在的苦难。法律只能判决一个人的外在行为，道德则能审判自己的内心。人的堕落罪恶是无所逃的，你可以逃开人间社会的追索，可以逃开政治法律的制裁，但能逃开良心的自我审判么？这是逃不开的，因为我们随时面对自己的良心。在良心的自我立法、自我审判下，我们会拒绝他人、排斥他人，我们可以说他有罪，判他为恶，甚至连他的父子家人也会放弃他，认为他已不可救药。事实上，人的存在有相当非理性的成分在内，此儒道两家说限，佛家说苦业，基督神学说原罪，人间理性的生命一定要通过非理性去表现，这就是人生的限定，也是生命多少含有悲剧性的原因。所以我们面对天涯沦落人，要怀抱同情悲悯，当整个社会都弃绝他，甚至他自己都拒绝自己的时候，那人间已无他立足安身之地，人生的道途上，只剩下两条路可走：一条路是自杀，另一条路则仅有宗教的殿堂才会开门接纳他。从这一点来看，宗教不管承受如何的冲击或压力，仍有它永恒存在的价值。所以，我们在开发生命价值的无限之路，也要能有宗教的精神。不仅要"五十而知天命"，也要"六十而耳顺"，才能发为宇宙情怀，担负他人的存在，不仅担负他人的善，也要担负他人的恶，这才是真正的担负，我认为儒道两家都有这份情怀。

最后，容我作个总结，素朴地说，道是人走的路，是人走出来的路；人文地说，儒道两家为人生开路，开出人人能走、既真实而又庄严的路，所以道是人生的正路，人生的大道；究极地说，道既是正路，又是大道，能实现每一个人生命的真实价值，与存在的庄严意义，所以道就是实现原理，也就有了天道的形上性格。儒道两家的道，开出由有限走上无限的路，让每一个人的生命没有负担也没有缺憾，让每一个人的生命既真实又庄严，这就是担负一切存在，也实现一切存在的宗教精神。唯儒道两家，在人间现世开出终极理想境，这就是人间现世的圆满，所以儒道两家的道，都通过政治去开展，内圣外王之道遂成为中国知识分子的宗教。这就是道，是由人的"心"去开发去实现的道。

第一章

身世之谜及其成书年代的推断

《老子》与《论语》千古同步，是吾国并世永传的两部宝典，也是人类思想史上，最具睿智与灵感的旷代名著。惜乎老子其人身世如谜，其书年代又披上神秘的外衣，以至于两千年来众说杂陈，误解殊甚。这对一代大哲而言，真是美中不足的一大憾事。

　　吾人今日探讨老子的哲学思想，必得在学术发展史上，先给予客观的定位，通过其人立身的时空背景，与其书形成的思想源流，以把握其立论的基点与其价值的归趋。如是，对其人的生命人格，与其书的哲理思想，始有一相应贴切的了解。

　　若舍此而弗由，而将老子《道德经》一书的思想，在历史传统的长流中抽离出来，作一孤立绝缘的观解，则老子的哲学，仅是哲人书斋里的偶发玄思，而失去其与时代脉搏息息相通，与传统母体脐带相连之深根大本的丰厚生命。其力挽时弊之积极用世的意义，亦将沉没不见，而永不得显发。此一哲人慧命既未被如实地了解，则视之为自然主义的宿命论者，或把弄手段的权谋家言，也就无足为奇了[1]。故豁清其人身世的神

---

[1] 胡适先生《中国古代哲学史》第1卷第63页云："我们仅可逆来顺受，且看天道的自然因果罢！"台湾商务印书馆，1961年1月台2版。梁任公《中国学术思想变迁之大势》第20页云："老学最毒天下者，权谋之言也。……将欲取之，必先与之，此为老学入世之本。"台湾中华书局，1971年10月台5版。钱穆先生《中国思想史》第57—58页云："老子思想是最自然，还是最功利的，最宽慈，还是最打算的。……此后中国的黄老之学，变成权谋术数，阴险狠鸷，也是自然的。"台湾中华文化出版事业社，1963年3月4版。

秘谜团，与考据其书成立的确切年代，堪称研究老子哲学的当务之急，亦是探索吾国学术思想之发展进程的关键问题。试看当代名家学者撰写中国哲学史，对《道德经》的处理，即采了迥然不同的立场。胡适先生将老子列于孔子之先，而冯友兰先生却置在孟子之后[①]。其间年代就差距了两三百年，足见此一问题是为决定性的转关了。

这一歧见，主要是出于当代学人对《史记》的《老子韩非列传》与《孔子世家》所云"孔子适周，将问礼于老子"之说在年代上是否可能，及《庄子》的《天道》《天运》《知北游》各篇有关"孔子问于老聃"之寓言是否可信，与《礼记·曾子问》孔子"吾闻诸老聃"的那位言礼的老聃，与《道德经》作者的这位道家的老子，在思想性格上是否构成矛盾的研判上。若史料考据的结果，孔子适周，问礼于老子在年代上可能，而"寓言十九"的《庄子》所言"孔子问于老聃"亦可堪征信，加上思想性格的研判，言礼之老聃与道家的老子亦不构成矛盾，可以是同一人的话，那么胡适先生以老子为首出的说法，才能成立。

唯此说一出，梁启超先生首致其疑云：

> 胡先生对于诸子年代，考核精详，是他的名著里头特色之一，不晓得为什么像他这样勇于疑古的急先锋，忽然对于

---

① 见胡著《中国古代哲学史》第1卷第43页；冯著《中国哲学史》第210页，台湾宜文出版社。[编按：作者所引述《中国哲学史》，出版时间不详。]

这位老太爷的年代竟自不发生问题！①

梁任公实不知胡适先生逼上梁山之苦衷，胡适先生倡"诸子不出于王官论"，云：

> 吾意以为诸子自老聃、孔丘至于韩非，皆忧世之乱而思有以拯济之，故其学皆应时而生，与王官无涉。②

他所谓的中国哲学发生的时代，是由《诗经》所映显的"那时代（诗人时代）政治社会的状态"，这一时势所形成的思潮"没有一派不是消极的"，他的论断是"到了这时代，思想界中已下了革命的种子"，而孔子既非消极，又不革命，当然不能成为这一时代的代言人，故只得破例地对太史公的大胆假设，不加小心求证；再把革命家的封号奉赠老子，说他的思想完全是那个时代的反动，当下就轻易地将这位老太爷请上了诸子之首的宝座了③。

他这样抬举了老子，立即出现了一个大问题，在春秋战国之先，三代以来的历史传统与学术源流，顿时被腰斩，而成了一个断头的哲学史，无形中把一两千年之古圣先贤之列祖先民的文化业绩，就这么一笔给勾销了。

---

① 《评胡适之中国哲学史大纲》，《古史辨》第4册第307页。[编按：作者所引《古史辨》，出版时间、出版者不详。]
② 《古史辨》第4册第7页。
③ 《中国古代哲学史》第1卷第32—47页。

梁任公率先发难，反对老子先于孔子之说，对太史公"迷离恍惚"的神来之笔，提出了六大可疑之处。一为把老子的世系，与《孔子世家》之孔子世系作一比较，在年代上不合情理之常。二为孔子乐于道人之善，既称欢"老子犹龙"，何以别的书没有称道一句？又墨子、孟子都极好批评，他们又不是固陋，何以连著五千言的"博大真人"都未提一字？三为即使承认有孔子问礼的老聃这个人，而依《礼记·曾子问》的谈话内容，他是一位拘谨守礼的人，如此与五千言的精神，恰恰相反。四为《史记》这一大堆神话，十有八九是由《庄子》的《天道》《天运》《外物》三篇杂凑而成，而《庄子》"寓言十九"，本就不能作历史谭看待。五为在思想系统上老子的话，太自由、太激烈了，像"民多利器，国家滋昏；人多伎巧，奇物滋起；法令滋彰，盗贼多有""六亲不和，有孝慈；国家昏乱，有忠臣"这一类话，不大像春秋时代说的，同时在《左传》《论语》《墨子》等书均未见类似思想的痕迹。六为在文字语气上，《老子》书用"王侯""侯王""王公""万乘之君"等凡五处，用"取天下"字样者凡三处，这种成语，不像是春秋时所能有，"仁义"对举，是《孟子》的专卖品，从前像是没有的，还有"师之所处，荆棘生焉。大军之后，必有凶年"一类的话，当时不能说出来，"偏将军居左，上将军居右"这种官名，战国时才有。故以为其书当作于战国之末，并云："胡先生所说三百年结的胎，头一胎养成这位老子，便有点来历不明了。"①此后即引起了第一度讨论老子其人其书的热潮。一直到冯友兰先生《中国哲学史》刊行，旧话又被重提，而有第二度的一场大论战。尽管他的论证与梁任公有异②，但显然是受了梁任公的影响。

综观这两度的论辩，可以分成两大壁垒：断定老子在孔子之先，《道德经》就是老子的作品者，除了胡适先生之外，尚有张煦、唐兰、黄方刚、马叙伦诸先生③；怀疑此说的，除梁任公外，尚有张寿林、钱穆、素痴（张荫麟）、冯友兰、张季同、罗根泽、顾颉刚、熊伟诸先生④。就是同持后一说的学者，

---

① 《评胡适之中国哲学史大纲》，《古史辨》第4册第307页。
② 《中国哲学史》第210页云："一则孔子以前无私人著述之事，故《老子》不能早于《论语》，二则《老子》之文体，非问答体，故应在《论语》、《孟子》后，三则《老子》之文，为简明之'经'体，可见其为战国之作品。"
③ 张煦《梁任公提诉老子时代一案判决书》，《古史辨》第4册第307—317页。唐兰《老聃的姓名和时代考》，前书332—351页。《老子时代新考》，《古史辨》第6册第597—631页。黄方刚《老子年代之考证》，《古史辨》第4册第353—383页。胡适《与钱穆先生论老子问题书》，前书第411—413页。《与冯友兰先生论老子问题书》，前书第418—420页。《评论近人考据老子年代的方法》，《古史辨》第6册第387—410页。马叙伦《辨老子非战国后期之作品》，前书第526—533页。
④ 张寿林《老子道德经出于儒后考》，《古史辨》第4册第317—332页。钱穆《关于老子成书年代之一种考察》，前书第383—410页。张荫麟《老子的年代问题》，前书第414—417页。冯友兰《中国哲学史中几个问题——答适之先生及素痴先生》，前书第421—423页。《读评论近人考据老子年代的方法答胡适之先生》，《古史辨》第6册第410—417页。张季同《关于老子年代的一假定》，《古史辨》第4册第423—448页。罗根泽《老子及老子书的问题》，前书第449—462页。《再论老子及老子书的问题》，《古史辨》第6册第643—684页。顾颉刚《从吕氏春秋推测老子之成书年代》，《古史辨》第4册第462—520页。熊伟《从先秦学术思想变迁之大势观测老子的年代》，《古史辨》第6册第566—596页。

彼此之间亦有歧见在。如张季同、罗根泽两位先生认定在孟庄之前，冯友兰先生则以为在孟子之后，庄子之先。冯氏之说，最难以自圆其说的是，孟庄同时，老子又何能插身其中？钱穆先生则以思想概念出现之先后，如《道德经》开宗明义之两大观念"道"与"名"，当出现在庄子之道与公孙龙之名的后面，始为允当①，故首倡庄前老后之说。顾颉刚先生将《道德经》与《吕氏春秋》作一对照，以为：

> 《吕氏春秋》中，《老子》的意义几乎备具，然绝不统属于老聃；至《淮南子》中，则老聃的独尊地位已确立，《老子》的成书时代，必在此二书之间。②

并云：

> 《老子》是战国末年或是两汉初年的著作，并且是撷取各家说而成的。③

张荫麟先生则根据英人翟理斯（H.A.Giles）之说，把《淮

---

① 钱穆先生以为《庄子》之道与《论语》素朴之义为近，《老子》之道则已甚玄妙。此见有独到之处。《庄子·齐物论》"道行之而成"，确与《论语》"人能弘道"之义相近。唯愚意以为，此乃庄子深受儒学颜回一脉影响之故。是以不言道而转言天，不客观地说个天道的绝对义，而直落在主体修养之自在无待的生命人格说。故谓天人、至人、神人、真人。
② 《古史辨》第4册第517页。
③ 前书第488页。

南子》以前引老子的话搜集起来，与现存的《道德经》作一比对，发现：

有本来贯串之言，而《道德经》把它们割裂者；有本来不相属之文，而《道德经》把它们混合者；有《道德经》采他人引用之言，而误将引者之释语羼入者。

由是而推断：

现存的《道德经》写定的时代，不惟在《孟子》之后，要在《淮南子》之后。

并云：

对于老学的真正创始人，我们除了知道他的时代在庄子之前，他的书在庄子时已传于世外，其余一无所知。他大抵是托老聃之名著书而把自己的真姓名隐了的。所以秦以前人引他的话时，但称老子或老聃，而没有用别的姓名。他的书经秦火以后，盖已亡逸或残阙。现存的《老子》乃汉人凑集前人所引并加上不相干的材料补缀而成。[①]

此两人之说不止是成书年代前后的问题，更以《道德经》

[①] 《古史辨》第4册第416—417页。

之思想，乃杂凑纂集而成，而非一人一时的系统之作。

顺此一思路，钱穆先生另有《再论老子成书年代》与《老子书晚出补证》二文，坚持并强化其《庄》前《老》后之说。前者透过《老子》书所反映之政治社会的背景，而"知其书之晚出而无可辩护者"，并以学术思想之系统言"《老子》兼采各家以成书"；后者又提出书中某些重要语词概念，与《庄子》作一对比，以见《老子》思想实为《庄子》之进一步者[①]。唯《庄》前《老》后之说，其无可自解的困难，就在难以解释何以《庄子》内、外、杂篇却屡屡称引《老子》的事实。

徐复观先生在《有关思想史的若干问题》一文中，力加辩驳，以为"其人必在孔墨之后，但在庄子之前"，唯"此编纂定本时间，应在《庄子》之后"[②]。

是两位先生，均以《老子》其书，系编纂而成，而非出于一人一时之作，且成书于《庄子》之后。唯日后徐先生又发表《有关老子其人其书的再检讨》，即大事修正自己的观点，以为"老子与孔子同时，而略早于孔子"，且其书非由编纂而成，而主要是成于一人之手，此人可能就是其直传弟子关令尹喜，是定本当在《庄子》书之先，且影响庄子思想之形成。他的论点以为《史记》本传（两段或曰是传说，非正传），与《庄子》各篇有关老子言行之记载可信，而《礼记·曾子问》之老子，

[①] 《庄老通辨》第61—102页、第287—314页，香港新亚研究所，1957年10月初版。
[②] 《中国思想史论集》第98页，台湾东海大学，1968年2月再版。

"由深知礼而反对礼,是很自然的",故与道家的老子在思想性格亦不矛盾,并进一步将《道德经》与《庄子》《荀子》《吕氏春秋》《韩非子》《战国策》等逐一对照,发现《老子》书中语已为各书所引用,以为"在战国中期以后,《老子》已成为最流行的学说"。此同时辩破梁任公、冯友兰、钱穆、顾颉刚诸家之说[①]。

吾人综观这一系列老子其人其书的论战热潮,有三种倾向:一者逐渐抛开老子其人身世之谜的探索,以为其人不可知,而专考究其书思想成立的年代,遂由孔子之先,而孔墨之后,而孟庄之后;二者不问其书思想形成于何时,而仅推断现存《道德经》的成书年代,故由《孟》《庄》之后,而《吕氏春秋》之后,而《淮南子》之后,真是每况愈下了;三者更不以《老子》为一家一人的系统之作,而判之为杂辑各家思想以成者,《老子》已形同杂家矣。

这是在疑古之风大盛之际,历史考据家所作的大胆推断。彼等之说,虽各有论据,以是其所是,而非其所非,却不免落于一偏之见,而难以还出老子《道德经》的全貌与真相。事实上,今本《道德经》,不管是老子自著或由其门弟子写定传下,其间必经后学自加增益修正,或有传抄错误,断简脱落,与注释窜入经文的可能,且秦火之后,又经汉儒的整编。是以仅就《道德经》的某一义理某一章节,即以偏概全地据以推断其成

[①] 《中国人性论史·先秦篇》第464—508页,台湾东海大学,1963年4月初版。

书年代者，是相当不可靠的，且老子思想涵有各家思想的义理概念，何以不能是由道家开出各家之分异，而必如司马谈《论六家要旨》所谓采诸家之长以成一家之言？老子《道德经》全篇前后自成一条贯一体系，何以竟谓之杂凑纂辑格言以成者？

唯吾人以为，太史公为老子作传，不免迷离恍惚，有若神话，此固是道家人物"其学以自隐无名为务"，有若神龙般的"莫知其所终"。是当时必已失去直接可信的史料，然太史公站在写史者的立场，不愿这仅有的有关老子身世的传说，在自己的手中流失，故仅能客观地将各种可能的传说，分别记下，存疑而不轻下断语，这正显示一代大史家的实证精神。就由于这一笔极其简略而各说并存的直叙，反而为后代学人留下了永难揭开的谜团。

在上述众说异端中，以梁任公与徐复观两位先生论据最为有力，而总结各说有一系统说明与合理推断者，则为劳思光先生。他在《中国哲学史》第一卷，仅《史记》本传的其人事略，就归纳出六大问题：一为姓名问题，二为孔子问礼之问题，三为出关及著书问题，四为年龄问题，五为老莱子及太史儋问题，六为世系问题[①]。当真是问题重重，难以确切论断了。除非在材料与方法上有更进一步的发现或突破，否则，想揭露老子的身世之谜，已几近不可能。吾人只能如斯说，老子是《道德经》的作者，他的身世之谜，仍是悬而未决的千古疑案。

---

① 《中国哲学史》第1卷第120—150页，香港崇基书局，1968年1月初版。

剩下来的就是《老子》成书年代的问题了。其人的线索已无可追寻，只有由其书入手。其书之年代问题，劳思光先生亦落在"文体问题"与"用语问题"加以考察。他说：

> 《道德经》文体为显明韵文体，但以此与问答体比观，仅见南北之异，未必表先后之分。……《道德经》中后人窜改者甚多，凡用后出之语者，皆属后人所增补。①

由是可见，文献的考据是有时而穷的，吾人今见《庄子·天下》引述老子之词语，与今本《道德经》虽未尽相同，然思想性格则无距离。而《韩非子》的《解老》《喻老》两篇称引之老子语，皆可见之于现存《老子》书，足证老子之思想，在《庄子·天下》之先已形成，而今本《道德经》至晚在《韩非子》书之前，已成书而流行于世②。

综括言之，其人既不可知，吾人试图在学术源流中给予客观定位的起步工作，岂非失据而交出白卷！其书又迭经后人增补修正，亦难以由经文之文体用语，考定其成书的确切年代。唯一可行之道，就在将全书之义理规模与思想精神，作一整体的衡定，看在学术长流中，此一思想体系安放在哪一阶段，才是合理而可能。这虽乏直接证据的支持，亦无必然性，却是唯一可寻绎而出的线索。盖《道德经》，本是一哲学作品，文体

---

① 《中国哲学史》第1卷第153页。
② 前书第154—155页。

词语,皆是形式,有关文献,亦属外围,由此了解毕竟是间接而旁观的;不若直指其思想精神,才能透入其内在的实质,此之谓义理的推断。抑有进者,老子自云正言若反,若非孔墨一大套正面有为的学说成立在先,他诸多负面无为的言论,岂非顿失其所指而告落空?而《庄子》一书,尽多是谬悠之说、荒唐之言、无端崖之词,若其前无《老子》撑开的道家义理规模,则寓言、重言、卮言等随说随扫之非分解的表达方式,又何能为人所接受了悟,而显发道家的教义[①]?故吾人虽乏更直接可靠的文献可资参证,然基于这一义理的推断,仍将老子的哲学定在孔墨之后,庄子之前,而为道家的开山。

[①] 参考牟宗三先生台湾大学1977学年度"魏晋玄学"讲堂上的笔记。

第二章

哲学问题

在先秦各家思想之上下传承与相互激荡的进程中，吾人将老子的哲学，定位在孔墨与孟庄之间，始能脉络分明而各得其所。本章即据此而解析老子《道德经》所面对承受并进一步求以消解的哲学问题。今分别就时代背景、思想渊源与地域色彩等三方面，加以考察。

唯此中有一问题，值得反省。盖老子其人的身世之谜，犹未揭开；其书之成书年代，又争持不下，殊难遽下论定。吾人前此之义理的推断，即以其书的思想内涵，作为推论其书成于孔墨之后、庄子之先的唯一依据。今言其哲学问题，又回过头来，据此一仅由推论所得，尚有待进一步证明的成书年代，以言其面对的时代背景，与其承受之思想渊源，并再以其特殊的地域色彩，来表显其思以消解的哲学问题。如此，岂非陷于循环论证的困难之中吗？

故本文不先就年代说起，而单从老子《道德经》所试图探讨之政治人生的价值问题，及进一步有以建立之形上哲学体系来说明：这一价值反省所反映的时代，究竟是属于怎么样的时代？这一形上思想所批判的观念，到底是针对哪一家的观念？如是，一者可以豁显其哲学问题的重心所在，以及所以形成此一哲学问题的时代背景与思想渊源；二者吾人前此对《老子》其书所持有的立场，亦可有一比较详尽有力的证明。否则，必如胡适先生所谓怀疑老子其人或把《老子》书移后，先得举出"充分的证据来"①,则一切都不可说。《老子》一书的思想,仅有任其悬空孤立,而不能还原到其所自来之时代背景与思想渊源的根本滋生之地了。

第一节 由时代背景看

(一) 礼的僵化与刑的肆虐

老子虽建立了其独步千古的形上哲学,然通贯整部《道德经》的思想旨趣,仍重在反省现实人生的困顿。依老子的观察,此一生民存在的苦难,乃源自政治制度的误导,与其统治权力的夸张②。胡适先生云:

> 我述老子的哲学,先说他的政治学说。我的意思是要人知道哲学思想不是悬空发生的。③

此说虽不足以充尽地说明一家思想之所自起,然实有其处理吾国学术思想的洞见。至少他知道中国的学问,不是书生凭空想出来的,而是庄严地面对了时代背景的挑战。首先,吾人

---

① 《评论近人考据老子年代的方法》,《古史辨》第6册第387页。
② 徐复观先生《周秦汉政治社会结构之研究》第112页云:"道家墨家反战争,道家更反对权力,当然更反对权力的集中。"香港新亚研究所,1972年3月初版。
③ 《中国古代哲学史》第1卷第49页。

试看《老子》所云：

> 民之饥，以其上食税之多，是以饥。民之难治，以其上之有为，是以难治。民之轻死，以其上求生之厚①，是以轻死。(七十五章)

此一章所言，最足见老子对当时民生困顿的痛切反省，以为皆源自统治者的有为自重。所谓"食税之多"，当非《论语》"盍彻乎"与"二，吾犹不足"的权衡，此哀公于"年饥，用不足"之时，请教有若当"如之何"(《颜渊》)。足见是时为"什而取二"之征赋，尚谈不上"食税之多"也。而此与《孟子》"关讥而不征，则天下之旅皆悦而愿出于其路矣。耕者助而不税，则天下之农皆悦而愿耕于其野矣"(《公孙丑上》)所反映的时代相近。且"以其上求生之厚，是以轻死"，更与《孟子》"庖有肥肉，厩有肥马，民有饥色，野有饿莩，此率兽而食人也"(《梁惠王上》)之义，几乎等同。

其次，再看《道德经》批判当时的礼制云：

> 礼者，忠信之薄，而乱之首。(三十八章)

---

① 严灵峰先生《老子达解》第300页云："以其求生之厚，傅奕本、杜道坚本'求生'上并有'上'字。按，王弼注：'言民之所以僻，治之所以乱，皆由上，不由其下也；民从上也。'依王注，并上二句例，'求生'上当有'上'字，应据傅本补。"台湾艺文印书馆，1971年10月初版。

显然对周文礼制采取极端不同情,甚至是反对的态度。老子的道家哲学,固是"感于周文之虚伪而发其义的"[①],而周文之隳坏,虽春秋已见端倪,然礼文烂熟颓落总要在战国周王室名实俱亡之后才会出现[②]。否则,孔子所谓"郁郁乎文哉,吾从周"(《八佾》)与"兴于诗,立于礼,成于乐"(《泰伯》)之说,皆成不可解。反之,《孟子》所云"诸侯之礼,吾未之学也;虽然,吾尝闻之矣"(《滕文公上》),与"无道桓文之事",而转言"定于一"之仁政(《梁惠王上》),正与《老子》此说相近。

再次,《老子》对当时政刑严苛,提出最大的抗议,云:

民不畏死,奈何以死惧之!(七十四章)

到了天下人民"轻死"与"不畏死"的时候,"以死惧之"的霸道治术,亦为之技穷。此与《论语》"民无信不立""虽赏之不窃"的时代不类,而与《孟子》"君之视臣如土芥,则臣视君如寇雠"(《离娄下》)、"及陷乎罪,然后从而刑之,是罔民也"(《滕文公上》)的背景相近。《老子》此一激烈的话,直与《孟子》"君有大过则谏,反覆之而不听,则易位"(《万章下》)的意义等同,总要在严刑峻罚大兴的战国时

---

① 牟宗三先生《智的直觉与中国哲学》第203页,台湾商务印书馆,1971年3月初版。
② 渡边秀方《中国哲学史概论》第110页云:"大概是当时主知的周代文化,正由烂熟移于颓废期,礼法繁琐,纷扰无已。"台湾商务印书馆,1967年1月台2版。

代，较有可能。

由是而言，《道德经》所反映的时代，正是礼的僵化与刑的肆虐之政治权威高张泛滥的阶段，其背景当在战国，而非春秋。

（二）大规模的战争，各国竞相吞并，生命面呈现无比的卑弱

《老子》云：

> 天下无道，戎马生于郊。（四十六章）
> 大军之后，必有凶年。（三十章）

连母马也在沙场驰骋①，而耕夫尽出征调入伍，是以农村几无劳动马力与人口，是以灾荒连年。似此等描述，必不是贵族武士兵车数十乘或数百乘对垒相抗的一决而战，而直是几十万农民步兵肉搏厮杀，绵延多年的大规模战事了。此当是战国时代才能有的景象②。

此与《论语》"足食足兵"（《颜渊》）之议、"以不教民

---

① 高亨《老子正诂》第101页云："古者战马用牡不用牝，天下无道，干戈相寻，牡马乏绝，牝马当戎，战阵在郊。故曰戎马生于郊。"台湾开明书店，1968年3月台1版。

② 钱穆先生《国史大纲》第58—59页云："军器制造如车如甲，及战马之养育等，皆为贵族保持地位之一种事业，平民无力参与。"又云："《左传》所载诸大战役，如秦晋殽之战，晋楚城濮、邲、鄢陵之战，晋齐鞌之战等，皆当时贵族式的战争。……至战国则全以农民步兵为主。"台湾商务印书馆，1968年10月台12版。另《论语·子路》云："桓公九合诸侯，不以兵车。"亦是春秋时为兵车战之一例。

战,是谓弃之"(《子路》)的论调大悖。而此与《孟子》"杀人盈野"(《离娄上》)之说、"彼夺其民时,使不得耕耨以养其父母,父母冻饿,兄弟妻子离散"(《梁惠王上》)之描述近。《老子》又云:

> 胜而不美,而美之者是乐杀人。夫乐杀人者,则不可得志于天下矣。(三十一章)

此亦与《孟子》"天下恶乎定""定于一""不嗜杀人能一之"(《梁惠王上》)的说法同调;而"战胜以丧礼处之"(三十一章),亦与《孟子》"善战者服上刑"(《离娄上》)之说近。诸子百家,反战思想最强烈者,数老子与孟子。《老子》之"大国以下小国"(六十一章)与《孟子》之"以大事小"(《梁惠王下》),皆同属消解列国间的战乱之道。故二者在年代上不能相去过远,而应是同一时空背景的反映。

在战火弥漫中,"兵者不祥之器"(三十一章),人的生命呈现无比的卑弱。《老子》云:

> 无狎其所居,无厌其所生。(七十二章)

此正说明人活着受尽折磨屈辱,实有生不如死之感。故转言"不争之德"(七十三章)与"重积德则无不克"(五十九章)。

且《老子》以"小国寡民"（八十章）为其理想社会，年代若在春秋，则不可解。盖封建国家，"其先只限于一个城圈，当时的中国，可以有近二百国，其时列国人口稀少"[①]，故《老子》必针对封建崩溃之后，国家权力集中的战国而发[②]。此亦《老子》书成于战国之一证。

由是而言，《道德经》的年代，既与《孟子》近，而远离《论语》，则其书年代在战国，似可成立。

（三）工商业的兴起，欲望普遍增长，民心为之浮动

井田制随宗法封建的崩溃而废，履亩而税之后，土地可以自由买卖，成为商业行为，兼并之风随之而起，农民一者为逃避农战之征调，二者亦失去土地，因而逃离土地的束缚，在列国之间游动，自由经商者渐渐兴起[③]。

这一转变，对生于斯长于斯，安于耕地、勤于农作的广大人民来说，是一绝大的冲击。《老子》云：

不贵难得之货，使民不为盗。（三章）

金玉满堂，莫之能守。（九章）

[①] 钱穆先生《国史大纲》第44—45页。
[②] 徐复观先生《周秦汉政治社会结构之研究》第104页云："由封建国家的崩溃，贵族政治的变质，战国时代国家的权力，较之春秋时代，远为集中，国家的性格因而为之一变。"
[③] 钱穆先生《国史大纲》第60页云："春秋时工商业皆世袭于官，盖贵族御用……封建贵族崩溃，而自由经商者，乃渐渐兴起。"第61页云："农民渐渐游离耕地，侵入禁地，寻求新生业，贵族不能禁阻。"

此与《论语》所谓"富之""教之"(《子路》)、"君子怀德,小人怀土"(《里仁》)的意态不类;而与《孟子》"寡人有疾,寡人好货"(《梁惠王下》)、"君臣、父子、兄弟终去仁义,怀利以相接"(《告子下》)的情景切近。在货利的诱引下,欲望必普遍增长,民心亦为之浮动。故《老子》云:

甚爱必大费,多藏必厚亡。(四十四章)
不见可欲,使民心不乱。(三章)

并抛下一个发人深省的问题:

名与身孰亲?身与货孰多?(四十四章)

由是而言,老子主"无知无欲"(三章),与"见素抱朴"(十九章),决非其浪漫性格的片面表露,而自有其对治时弊的用心在。由此一端观之,其成书当在战国,而不在春秋。

(四)士集团的扩大,形成名利争竞的热潮

《老子》云:

不尚贤,使民不争。(三章)
使夫智者不敢为也。(三章)

此与《论语》"举贤才"（《子路》）、"君子忧道不忧贫"（《卫灵公》）之说不类，总要在游仕之风大盛，开启布衣卿相之局，形成名利争竞的热潮之后，才会有"使民不争""使夫智者不敢为"之议。试看，孟子自身固是"后车数十乘，从者数百人，以传食于诸侯"（《滕文公下》），而主张与民并耕而食之许行，亦"有徒数十人"（《滕文公上》），另有寄身稷下，不治而好议论的田骈、淳于髡[1]。而"一怒而诸侯惧，安居而天下熄"的公孙衍、张仪，以其"以顺为正"，被孟子判为"妾妇之道"（《滕文公下》）。足见彼时士集团声势之大了。而战国四公子，亦大开养贤养士之风[2]，故不尚贤，不敢为之说，当属战国名利争竞之景象的反动。

《老子》又云：

> 宠为下，得之若惊，失之若惊，是谓宠辱若惊。（十三章）

从某一义说来，宠就是辱，以其得失不在己，而由外在决定之故。此亦如《孟子》所云：

---

[1] 钱穆先生《国史大纲》第74页云："齐稷下先生皆不治而议论，而淳于髡、田骈为之首。"
[2] 参见前书第74—75页。另徐复观先生《周秦汉政治社会结构之研究》第104—105页以为：采邑土田之制不行，各国采以粟为禄的制度，使人君在进用游士上远为自由。

人之所贵者，非良贵也，赵孟之所贵，赵孟能贱之。（《告子上》）

由上而言，两家之年代当相近。

此节吾人试就《道德经》的思想内容，与《论》《孟》作一对照，发现其反映的时代背景，与《孟子》接近，而与《论语》不类，由此，吾人或可如斯说，《道德经》的成书年代，当在孟子立身的战国，而非孔子所处的春秋之世。

第二节　由思想渊源看

由其书所反映的时代背景，固可知老子的哲学问题，主要在反省当时生命存在的卑微困顿，乃来自政治制度的误导干扰，与统治权力的高张迫压，此一时代背景的挑战，对一家哲学来说，必形成其不得不面对的外在激发力。

问题是，一家之哲学问题，虽不能与其存在的时空脱节，亦不能仅由时代背景所决定，而实有其承自历史传统的思想渊源。若无此一思想渊源，则任何问题的反省与批判，必失去时间的绵延性，而其所处理的问题，所抱持的理念，亦将孤立在历史长流之外，仅成个人的感怀独白，而不能有代代相传的民族共命慧。故本节由思想渊源，来看《老子》在历史传统的学术源流所承接的哲学问题。

道家思想，并非平空拔起，突然自老子而有，而是有其深厚的历史渊源。相传尧时，有巢父、许由等孤高之士。前者山居不出，年老以树为巢，而寝其上，由是得名；尧以天下让之，不受。后者据义履方，隐于沛泽，尧以天下让之，不受，遁耕于箕山之下；尧又欲召为九州长，由不欲闻，洗耳于颍水之滨。此类传说，虽不尽可信，却告诉我们，吾国自古以来，即有对人生持着消极态度，逃世隐名，以求自性清净的高士。

吾人试从《老子》书中求证，其中即有"建言有之"（四十一章）、"用兵有言"（六十九章）之引录前人格言的例子[①]，足证老子思想，一如儒家，有承自传统文化的余绪者，吾人看《论语》中，亦有类似道家思想的语句：

> 曾子曰："以能问于不能，以多问于寡；有若无，实若虚，犯而不校，昔者吾友尝从事于斯矣。"（《泰伯》）

> 子曰："无为而治者，其舜也与？夫何为哉，恭己正南面而已矣。"（《卫灵公》）

此"有若无，实若虚"，与"无为而治"，落在儒学自身的系统，其意义自不必与道家等同；唯吾人若说两家思想有承自共同的历史传统，至少是不成问题。本节分由隐者的行谊、杨

---

① 此徐复观先生采取不同的观点，《中国人性论史》第498页："不仅'圣人'一词，指的是老子，书中十五章、二十二章、六十二章、六十五章中所说的'古之'；三十九章所说的'昔之'；四十一章所说的'建言有之'，我以为也都指的是老子。"

朱的思想与儒家圣智仁义之道德规条的根本反省等三方面,去推究老子的思想渊源。

(一) 隐者的行谊

在《论语》一书中,记载着当时一群对孔夫子及其门弟子的言行,采取不同情态度的隐者。今逐条引出,以见彼等的生命情态:

> 子路宿于石门。晨门曰:"奚自?"子路曰:"自孔氏。"曰:"是知其不可而为之者与?"(《宪问》)

> 子击磬于卫,有荷蒉而过孔氏之门者,曰:"有心哉,击磬乎!"既而曰:"鄙哉,硁硁乎!莫己知也,斯已而已矣。深则厉,浅则揭。"子曰:"果哉!末之难矣。"(《宪问》)

> 楚狂接舆歌而过孔子曰:"凤兮凤兮!何德之衰?往者不可谏,来者犹可追。已而,已而!今之从政者殆而!"孔子下,欲与之言。趋而辟之,不得与之言。(《微子》)

> 长沮、桀溺耦而耕,孔子过之,使子路问津焉。长沮曰:"夫执舆者为谁?"子路曰:"为孔丘。"曰:"是鲁孔丘与?"曰:"是也。"曰:"是知津矣。"问于桀溺,桀溺曰:"子为谁?"曰:"为仲由。"曰:"是鲁孔丘之徒与?"对曰:"然。"曰:"滔滔者天下皆是也,而谁以易之?且而与其从辟人之士也,岂若从辟世之士哉!"耰而不辍。子路行以告,夫子怃然曰:"鸟兽不可与同群,吾非斯人之徒与而谁与?天下有道,丘不与易也。"(《微子》)

子路从而后，遇丈人，以杖荷蓧。子路问曰："子见夫子乎？"丈人曰："四体不勤，五谷不分。孰为夫子？"植其杖而芸。子路拱而立。止子路宿，杀鸡为黍而食之，见其二子焉。明日，子路行以告。子曰："隐者也。"使子路反见之。至则行矣。子路曰："不仕无义。长幼之节，不可废也；君臣之义，如之何其废之？欲洁其身，而乱大伦。君子之仕也，行其义也。道之不行，已知之矣。"（《微子》）

吾人对上引各条，细加玩味，可知当孔子师弟栖栖皇皇奔走天下的时候，已有散居田间僻处乡野的隐者，对孔子的"有心"救世，判之为"鄙哉"而时加讥讽，对孔子的"知其不可而为之"，亦深致"何德之衰"的惋惜之意。他们环顾当世，正是"滔滔者天下皆是"的乱世变局，又痛心"今之从政者殆而"，故自觉天下事无可为，仅"欲洁其身"，而不以"易之"。他们以为置身乱世，面对变局，与其一如孔子师弟的求仕行义，却道之不行，反而受困于匡，陈蔡绝粮地成了"辟人之士"，不如与鸟兽同群地栖身山林，耕耰不辍地做一个清净的"辟世之士"。

吾人以为，像晨门、荷蒉者、楚狂接舆、长沮、桀溺、荷蓧丈人等自以为天下"莫己知"的"隐者"，虽默默耕耘，不求闻达，然他们眼见"天下滔滔"，而谓"谁以易之"，足见他们心在天下。他们讥刺孔门师弟的言行，亦可证他们是一群有心人，他们只是不屑于当政者之所为，自觉地选择了躬耕避世的这一条路,唯犹未建立其何以避世独善的理论基础。他们的行谊,可以说是道家思想的前驱。

(二) 杨朱的思想

昔日蔡元培先生,有杨朱即庄周之论[1]。此说立即引起当时学界广泛之讨论与批驳[2]。在诸说中,有谓杨朱即阳子居,然不属道家,而当自成一家者,如高亨先生是;另有谓杨朱非庄周亦非阳子居者,如门启明先生是。二者皆主杨朱自杨朱,庄周自庄周,不可混而为一。吾人今论及杨朱为我之思想,可能是老子思想的渊源,则在年代上首当先加衡定,再考量其思想是否为道家者流。

《孟子》有云:

> 圣王不作,诸侯放恣,处士横议,杨朱、墨翟之言盈天下。天下之言,不归杨,则归墨。……杨墨之道不息,孔子之道不著……(《滕文公下》)

吾人试看孟子既以"言距杨墨"的"圣人之徒"自许,足见杨朱的思想,到孟子时已声势大盛,与儒墨两家三分天下,故必在孟子之先。另墨子辩破儒学,未及杨朱,而杨朱曾与墨

---

[1] 见《古史辨》第4册第539—540页。
[2] 唐钺《杨朱考》《杨朱考补》《杨朱考再补》,前书第540—561、569—578页。郑宾于《杨朱传略》,前书第561—569页。高亨《杨朱学派》,前书第578—592页。门启明《杨朱篇和杨子之比较研究》,前书第592—610页。

家门徒禽滑釐论辩①，是杨朱之年代，其孔墨之后，孟子之前与！再看，《淮南子》云：

> 夫弦歌鼓舞以为乐，盘旋揖让以修礼，厚葬久丧以送死，孔子之所立也，而墨子非之；兼爱尚贤，右鬼非命，墨子之所立也，而杨子非之；全性保真，不以物累形，杨子之所立也，而孟子非之。（《泛论训》）

此隐然顺着先秦各家年代先后的递衍之迹直叙而下，亦为一证。

其思想是否一如高亨先生所云"杨朱之为我主义与老聃之利物主义相抵触""杨朱之平民思想与老聃之王侯思想相抵触"？假若高亨先生此说为是，则以杨朱的思想为老子思想渊源之所自的说法，就不能成立了。此则属于"为我"思想之了解与把握的问题，而不在年代前后的范围了。

《列子》一书，已被辨为伪托之书②，尤其《杨朱》充满了恣情纵欲的思想，直是魏晋颓风的反照，已不足以举为杨朱思想的代表，故可征引以言杨朱之思想者，仅如下三条：

---

① 《荀子·王霸》"杨朱哭衢涂曰"句下杨倞注云："杨朱战国时人，后于墨子，与墨子弟子禽滑釐辩论。"《二十二子》，第4册《荀子》第271页，先知出版社，1976年10月台景印初版。
② 马叙伦《列子伪书考》，《古史辨》第4册第520—529页。陈文波《伪造列子之一证》，前书第529—539页。

> 杨子取为我，拔一毛而利天下，不为也。（《孟子·尽心上》）
>
> 阳生贵己。（《吕氏春秋·不二》）
>
> 全性保真，不以物累形，杨子之所立也。（《淮南子·泛论训》）

此杨子所为之"我"，所贵之"己"，不在可为物欲牵累的形躯，而在生命的本真。唯孟子所谓"拔一毛而利天下，不为"的论断，是在其特殊规定的儒学观点说出来的，可能失真而引生误解，是高亨会有杨朱与老子思想抵触之说。

吾人试看《韩非子》云：

> 不以天下大利，易其胫一毛。（《显学》）

在此一了解下，杨朱的思想并非极端自私者，而仅是墨家哲学的反动，决不以天下大利，而损其生命之一毫。（此亦可证杨朱思想在墨子之后、孟子之前。）吾人试想，若人人为我，自安自足，而不干扰他人，不妄生是非，是则人间诸多庸人自扰的问题，岂不是可以化解于无形么？此当是杨朱思想语不惊人，而得以盛行一时、风靡天下的原因。

由是而言，杨朱的思想可以说是隐者言行之进一步者。盖子路谓荷蓧丈人，"欲洁其身，而乱大伦"，孟子亦谓"杨氏为我，是无君也"，"为我"即仅求自洁其身，而"无君"也就是乱了君臣大伦，是以孔夫子有"鸟兽不可与同群"之叹，而孟夫子亦据父子之亲与君臣之义两大伦常，而判之为"禽兽也"。由杨朱的为我无君，到老子的虚静无为，乃是极为合理的圆转推进，怎会是互相抵触呢？而《老子》之"圣人无常心，以百姓心为心"（四十九章），又怎能谓之为王侯思想，而非平民思想，此亦太胶着于字面上的意义了。

此中尚有一问题，老子与杨朱俱在孔墨之后、孟庄之先，何以孟子只距杨而不及老？《庄子·天下》与《荀子》的《解蔽》《非十二子》两篇，评论各家思想，皆有墨而无杨，韩非论世之显学，亦仅儒墨，足见杨朱思想在孟子时大盛，到了《庄子·天下》与荀韩时，已突转没落。此一原因，劳思光先生有一精彩的推论：

> 杨朱之说，一度极盛，其衰则应在孟子之后，《天下》篇时代之前。此一阶段正是老庄之说兴起之际。孟子生卒仅早庄子数年，而孟子时目中固无庄子，仅言杨墨，足见其时老庄思想，尚未被视为一独立学派。何以如此？盖因老庄思想接近杨朱，故当时为杨朱所掩，合为一派。而日后杨朱思想之衰，亦正是由于老庄思想之兴。老庄思想远较杨朱思想成熟，《道德》、《南华》之说大行，杨朱之言遂衰息。①

---

① 《中国哲学史》第1卷第127页。

由上言之，老子之哲学问题，不仅在为时代的动乱寻求一根本的解决之道，同时亦承接了隐者之行谊与杨朱之思想，更上一层的建立其所以可能的超越根据。

（三）儒家圣智仁义之道德规条的根本反省

先秦诸子百家的思想，皆通过对周文的反省，而采取了不同的立场，并开展了其特有的进路。

儒家承接三代以来的文化传统，面对周文的隳坏，在根源上作一反省，并求有以重建的可能。子曰："人而不仁，如礼何？人而不仁，如乐何？"（《八佾》）孔子的哲学问题，主要在为周之礼乐深植人性之根，有了人心之仁的内在根源，礼乐的钟鼓玉帛才有其道德自觉的意义。孔子仁义礼兼重，仁之发心，在求心之自安自足，而仁心发显，必得衡诸客观情境，在人我之间，寻求各得所安之道。这一人人皆安的道德判断就是义，而两心交感的通路就是礼[①]。

唯一入战国，礼坏乐崩，周文已无重建的可能。故孟子不求恢复传统的礼制，转而挺出人的道德良知，构作一仁政王道的蓝图。礼义内说，以义为衡量立身处世的价值基准。曰："居仁由义，大人之事备矣。"（《尽心上》）将外在客观化的规制之礼，拉回内在主体性的自觉之义，故仁义并称。下至荀子，对人性的考察，落在实然经验的层面，不能承认人性本有的价值之善。曰："人之性恶，其善者伪也。"（《性恶》）仁

[①] 参看拙文《从花果飘零到灵根自植》，《鹅湖月刊》33期，1978年3月15日出版。

心不存，义转为外在，完全落在客观礼制的规范中了，故礼义并称。孔子之义，在仁礼之间；孟子之义，源于内在之仁；荀子之义，则在外在之礼。此一仁义礼，逐步由内往外推，人心内在的活水源头，若为物欲所牵引而放失于外，以致内外阻绝渐告干涸的话，义可能转成主观之成见执着，礼亦可能转为外铄之束缚制限了。

老子的年代虽在孟荀之先，然孟荀之先，孔门弟子又分两大支：一为反求诸己的曾子，一为笃信圣人的子夏，一重内省之仁，一重外发之礼。是义的定执与礼的僵化，自不必待孟荀之后始有，孔夫子即曾以"女为君子儒，勿为小人儒"告诫子夏，故吾人以为，老子的哲学问题，主要就在为儒学之仁义礼，开拓形上之源。《老子》曰：

圣人不仁，以百姓为刍狗。（五章）
大道废，有仁义；智慧出，有大伪。（十八章）
绝圣弃智，民利百倍；绝仁弃义，民复孝慈。（十九章）
失道而后德，失德而后仁，失仁而后义，失义而后礼，夫礼者，忠信之薄而乱之首。（三十八章）

凡此所谓绝弃圣智仁义，并不是本质的否定，而是作用的保存；不是否定道德践履的价值，而是开拓道德的形上根源，来保住圣智仁义的可能。由此一端可知，老子的哲学，必在孔子之后，对儒学之德化礼治，作更上层楼的反省。方东美先生以为，孔子儒学把人的生命投注在时间之流里，去展开价值的创造活动。在这一往前推进的历程中，依老子的反省，若不能"复守其母"地回归到道的形上本源的话，一者人的创造力可能衰退，二者由于其走入世俗之故，呈现一极大的危机，所谓的前进，不一定向上升越，而可能往下堕落①。

抑有进者，在孔子儒学说来，"人能弘道，非道弘人"，此之道，为"本立而道生"的道，是后起人文所开出的道；又"为政以德"，此德，为"德之不修"的德，是由人格修养而得的德。此等人文之道、人格之德，皆未有形上先在的意味，其本就在"我欲仁，斯仁至矣"的仁。故曰："志于道，据于德，依于仁，游于艺。"依老子道家的反省，儒家由人文开出修养而得的道德，适是一干扰破坏，反成不道德；人能无为虚静，不胶着在仁义礼智的规条中，才能透显真正的道德。故曰："上德不德，是以有德；下德不失德，是以无德。"（三十八章）由是把本属人文修养意义下的道德，往上一提，而赋予其形上先在的根源义。

由上述之思想渊源，可知老子对隐者的行谊与杨朱的思想，有所承受；对儒家仁义礼智的道德规条与德化礼治的治道，亦有所批判：由是而转出了他"尊道而贵德"的形上哲学体系。

---

① 参考台湾辅仁大学1974学年度"中国哲学的精神及其发展"讲堂上的笔记。

第三节　由地域色彩看

诸子百家既同样的立身于战国乱局，且又承自三代以来共有的历史传统，何以其开出之政治人生的进路，竟家家不同？此独特的风格智慧，除天生性向才气有异之外，必与其身世有关，或可由其成长的地理环境，找到可能的解释。

《史记》言老子"以自隐无名为务"，其姓氏又三说难定，然对其出身乡里，却能言之过详。谓"楚苦县厉乡曲仁里人也"。此马叙伦先生首疑其说曰：

> 迁之所记，盖曰相人也，与庄子蒙人、申不害京人者一例。陆氏于《史记》云字聃下，又有"又云仁里人，又云陈国相人"，依陆所见，《史记》本文作陈国相人。[1]

是其乡里亦有二说，司马贞《索隐》曰：

> 苦县本属陈，春秋时楚灭陈，而苦又属楚，故云楚苦县。至高帝十一年立淮阳国，陈县、苦县皆属焉。[2]

此言二说俱行之因。不管老子是陈国相人，或楚苦县人，

---

[1] 引自高亨《史记老子传笺证》，《古史辨》第6册第441页。
[2] 引自前书第442页。

反正皆在当时中原的南方之地。

《论语》中的隐者，接舆称楚狂，当是楚人，长沮、桀溺是蔡人；杨朱有说宋人，另说秦人[①]；庄子是宋之蒙人。足见道家性格的思想家，大多集中于当时之南方。此可能来自地理环境的滋养熏陶，比较富于想象力与浪漫情怀。即以吾国文学史上两部代表性的诗歌总集而论，《诗经》与《楚辞》正象征南北地理之分异。此吾人可证诸刘大杰先生的一段话：

> 《诗经》和《楚辞》在作风上却有明显的差异。因为这种差异，划明了南北文学的界限。其差异的重要性，并不在于篇章的长短与语句的参差，而在于由人事的社会的写实文学，转变到象征的个人的浪漫文学。浪漫的色彩，在《诗经》里，并不是完全没有。如《陈风》、二《南》中的小诗，也孕育着热烈的感情，但究竟缺乏那种象征和幻想的质素，终于不能使人感到浪漫文学那种特有的神秘情味。表现个人的历史和情感不用说，就是一切神鬼巫觋，也都披着美丽的衣裳带着浪漫的情绪而出现了。我们读完了《诗经》，再读《楚辞》，你立刻会感到置身于两个完全不同的世界：一是我们日常接触的现实社会，一是富于幻想的神秘森林。

[①] 郑宾子《杨朱传略》引《庄子·骈拇》成玄英疏云："杨者，姓杨名朱，字子居，宋人也。"另《山木》成玄英疏云："姓杨名朱，字子居，秦人也。"《古史辨》第4册第667页。

至于何以南方文学独有此浪漫情调与虚无玄想，刘大杰先生并引各家之说证之：

> 刘勰云："山林皋壤，实文思之奥府。屈平所以能洞鉴风骚之情者，抑亦江山之助乎！"（《物色》）
>
> 王夫之云："楚，泽国也。其南沅湘之交，抑山国也。叠波旷宇，以荡遥情，而迫之以崟嵚戌削之幽菀，故推宕无涯，而天采矗发，江山光怪之气莫能掩抑。"（《楚辞通释·序例》）
>
> 刘师培云："大抵北方之地，土厚水深，其间多尚实际。南方之地，水势浩洋，民生其地，多尚虚无。民崇实际，故所作之文，不外记事析理二端。民尚虚无，故所作之文，多为言志抒情之作。"
>
> 不用说，北方也有言志抒情之作，南方也有记事析理之文，其中的色彩，毕竟是两样。试把《墨》《庄》并读，《诗》《骚》对比，虽同样是文，同样是诗，那情调的差异，不是显然的吗？[①]

此言天候地理与自然山水对文学风格有其润泽助引之功，而在学术思想史上，梁任公以为：

[①] 《中国文学发达史》第63—64页，台湾中华书局，1962年3月台6版。

欲知先秦学派之真相，则南北两分潮，最当注意者也。……北地苦寒硗瘠，谋生不易，其民族销磨精神，日力以奔走衣食，维持社会，犹恐不给，无余裕以驰骛于玄妙之哲理。故其学术思想，常务实际，切人事，贵力行，重经验，而修身齐家治国利群之道术，最发达焉。……南地则反是，其气候和，其土地饶，其谋生易，其民族不必惟一身一家之饱暖是忧，故常达观于世界以外，初而轻世，既而玩世，既而厌世，不屑于实际，故不重礼法，不拘拘于经验。

此言玩世厌世，乃出乎其"杨朱之为我主义、纵乐主义，实皆起于厌世观"之说，任公误引《列子·杨朱》以说杨朱思想，故有此不相应的论断。并进一步引证论云：

古书中言南北分潮之大势者，亦有一二焉，《中庸》云："宽柔以教，不报无道，南方之强也；衽金革，死而不厌，北方之强也。"《孟子》云："陈良，楚产也，悦周公、仲尼之道，北学于中国。北方之学者，未能或之先也。"是南北之异点，彰明较著者也。……试观孔子在鲁卫齐之间，所至皆见尊崇，乃至宋而畏矣，至陈蔡而厄矣，宋陈蔡皆邻于南也。及至楚，则接舆歌之，丈人揶揄之，长沮、桀溺目笑之，无所往而不阻焉！皆由学派之性质不同故也。北方多忧世勤劳之士，孔席不暖，墨突不黔，栖栖者终其身焉。南方多弃世高蹈之徒，接舆、丈人、沮、溺，皆汲老庄之流者也。盖民族之异性使然也。①

此言学派之性质不同，来自地理环境的利用厚生之异。至于所谓"民族之异性使然"，则语焉而未详。此萧公权先生论之曰：

> 老庄生于楚宋，或为殷民之后，此外诸子思想行事之近于道家者，亦多生殷遗民散布之地。

又云：

> 成王灭武庚后，封之于宋。……庄周如为蒙人，则亦生殷民环境之中，而其本身或亦为殷民。楚虽与殷无密切之关系，然观周太伯仲雍奔荆蛮，似可推想殷民之不服顺者，多以南方为避世之乐土。老聃生于楚之苦县，其背景殆亦略同庄周之宋蒙，老庄之消极思想，亦正与亡国遗民愤世之心理相合。②

足见此一地域色彩，不仅是天候地理不同，且亦有其历史传统之异。隐者、杨朱皆属南学，《孟子》云：

---

① 《中国学术思想变迁之大势》第17—23页。
② 《中国政治思想史》第20—25页，台湾华冈出版部，1971年3月再版。

> 今也南蛮䴔舌之人，非先王之道。(《滕文公上》)

南北学术性质之不同，此亦为一证，许行持明君与民并耕而食之说，正与隐者讥孔子"四体不勤，五谷不分"之意态同，亦有反周文的倾向。

综结全章，老子的哲学问题，一来自时代背景的挑战，思以消解政治制度的误导与统治权力的高张；二来自思想渊源的传承，由隐者之行谊与杨朱之思想，进一步地在理论上建立其超越的形上根基，并为儒学圣智仁义之道德规条，开拓形上之源；三来自地域色彩的熏陶，天候地理倾向自然浪漫的性格，而殷遗民的愤世孤怀，亦发为反周文之无为思想。如是，大略可勾勒出老子《道德经》的哲学问题。

第三章

人的生命何以成为有限

由宇宙万象的动变无常，与人生百态的困厄不安，所形成之生命的飘浮与挫折之感，乃是亘古以来就已存在的普遍事实。只是乱世中的人心，印象特别深刻，感受远为真切而已！老子的哲学问题，虽可还原到其面对的时空背景去把握，透过其承受的历史传统去探索，也可落实到其出身的地理环境去追寻；然整部《道德经》，却未见有祖述"先王之道"或直接由历史传统转出，以铺陈立论者，而总是超离特定时空的人物事态，对着人类普遍的存在问题发言，随处显露其政治人生的睿智洞见。

吾人以为，老子哲学决不是书斋里的偶发玄思，也不是理性自我的梦呓独白；问题是，他似乎已把当世的景象与历代的史实，在他的心智之网中过滤掉，不再有激情狂热，不见有世俗牵扯，由字里行间透脱而出的，尽是感受真切、体验深刻的智珠哲理。

吾国哲学思想，不管是儒家或道家，总是站在人之有限存在的体验感受，再反省人之生命何以成为有限的问题，并试图就精神的修养与道德的实践，去打开即有限而可无限的可能之路。是以，中国哲学的主流重心，不放在这个世界如何生成的宇宙论上；而有限无限的问题，亦不落在神与人之两层存有上作类比的区分，不管是天人或理气之本体论的问题，均化为性命才情而内在于人的生命上说。

关于老子哲学之精神旨趣，吾人兹引徐复观先生的一段话以为证：

> 老学的动机与目的，并不在于宇宙论的建立，而依然是由人生的要求，逐步向上推求，推求到作为宇宙根源的处所，以作为人生安顿之地。因此，道家的宇宙论，可以说是他的人生哲学的副产物。①

上述对老学的观点，大多成立，问题就出在他所谓的"推求"。盖老子的形上智慧，并非是理性推求而得，而是通过修养实践之功而开悟体得的。若此义不立，则吾国哲学仅成超然独立在吾人生命之外的妙道玄理了。

故依吾人的了解，老子的哲学，在跳开了特定时空的藩篱，与历代史实的拘限之后，其中心思想就集中在探究一个亘古常存的——人的生命何以成为有限——普遍问题上。

第一节　心的定执与道的封限

（一）道的超越性与内在性

1. 有与无的两面相

老子的道德论，无异是儒家的性命论②。唯老子之道德，

---

① 《中国人性论史》第325页。
② 前书第338页。

已与《论》《孟》仅由人文修养而开出的素朴义有别，而赋予形而上的先天性格。

首先，吾人先探讨道之本体论的意义，对于道，在不可说之中，老子是以"有"与"无"这两个最普泛的观念，来说明道之自身的两面相。《道德经》云：

无，名天地之始；有，名万物之母。（一章）

此章在断句上，即有了争论。依河上公本与王弼本，是在无名有名处断句，而下文"故常无，欲以观其妙；常有，欲以观其徼"，亦于无欲有欲处断句。至司马温公、王安石、苏辙始改以有无为读[1]。持前一说的理由，在此句经文承自"道可道，非常道；名可名，非常名"之反省名言概念以形容形上之道的限制，故于无名有名处断句，较为顺当，且《道德经》中另有"始制有名"（三十二章）、"道隐无名"（四十一章）与"常无欲，可名于小"（三十四章），可资参证。此说未免牵强，盖《老子》开宗明义，虽涉及名言概念对形容道体的限制，但其主题毕竟不在名言，而在道体。此句经文旨在通过不可道不可名之反省历程，思以突破语言概念之抽象固定的限制，以烘托出非认知所对的真常之道来。故重点不在无名有名的讨论，

---

[1] 魏源《老子本义》第1页云："无名无欲四句，司马温公、王安石、苏辙皆以有无为读，河上公诸家皆以名字欲字为读。"台湾华联出版社，1973年5月出版。

而在以"无"与"有"这两个非"指事造形"的观念,来表显道的双重性。以道无定体、无分限,而不可表诠故。

且《道德经》亦自有"无"与"有"成一独立观念出现者,如"天下万物生于有,有生于无"(四十章),《庄子·天下》评述老子思想,亦谓"建之以常无有",不管是指"常无""常有"二者,或"常""无""有"三者,反正无与有,皆可自成一独立的观念。抑有进者,《道德经》中却未见有"有欲"连言者。此中无以自解的困难,当在"有名"既有形,是则与万物几无以异,又如何能成为万物之母?且心既有欲而不虚静,又如何能直观道的终物之徼[①]?故此一断句,在理上反增转折困惑。此牟宗三先生言之曰:

> 依此解,则经文似当为:无名时,道为天地之始;有名时,道为万物之母。须加"时"字,并须补一"道"字为主词。而无名时有名时,则指天地万物说。如是,不直接自"无名"成立"无"一概念,即以"无"为道,以为天地之始,而道需外补,落在经文之外。当然,亦不自"有名"形成"有"一概念,以为万物之母。有名有形之时,即物也。如是,有与物为同一,并无分别。结果,只是有(物)与外

[①] 严灵峰先生《老子达解》第8页云:"且《老子》书中,多言'无欲',除此处外,无有以'有欲'连文者。况老子以致虚守静以观万物反复,而'有欲'则不虚静矣,又岂可'观徼'乎?"此牟宗三先生《才性与玄理》,解有欲为向性之有,可消除此一困难。

补之道（无）之两层。①

王弼主贵无论，故将"有"推向物边，"有"既有名有形，自不能成为万物之母，故仅成道之无与物之有两层。此一困难，在面对"天下万物生于有，有生于无"时，更是说不通。此章明言万物、有与无，是为三层，有生于无，尚可解为有生自无，而"天下万物生于有"，王弼注既已将"有"定死在有名有形之万物上，故"生"只得别出歧义，取消其"生自"义，而转为"物之自生"义②。

吾人今将"无，名天地之始；有，名万物之母"，与"天下万物生于有，有生于无"，并列比观，是则无与有、天地与万物的层次问题，又将如何安排？或谓：道是无，此一层；天地是有，再一层；天下万物，又是一层。若作此解，固可避开王弼注的困难，而上述两章亦可兼全而不矛盾。如是，"无"，是天地之始，也就是"有生于无"；"有"，是万物之母，也就是"天下万物生于有"。问题是，《道德经》又云：

天下有始，以为天下母。（五十二章）

此言始与母，虽一是根源义，一是生成义，然老子却将二者视为一体。就道的关涉天地万物而言，总持的说始，散开的

---

① 牟宗三先生《才性与玄理》第131页，香港人生出版社，1970年6月再版。
② 前书第132页。

说母。由是而言，老子的宇宙论，不是独立的或纯粹的宇宙论，而是连着本体而言的宇宙论。将此章与首章对看，则知天地之始的无，与万物之母的有，都是指道说。无与有，不能一是道的无，一是天地的有，故将无、有（天地）与万物视为三层，并非毫无问题。如是，仍以两层区分，较为切当合理。唯此与王弼之说不同，王弼注是道（无）与万物（有）之两层，此则道（亦无亦有）与物之两层。

若此说成立，有与万物既层次分明，故"天下万物生于有"，已不成问题；而有与无，同指谓道，则"有生于无"，又如何得解？道的生成作用，有之实现原理，乃由道的"无"来。有就"用"说，无就"体"说，体用是一，而不能是二。此熊十力先生云：

> 船山解《易》有太极，是生两仪之生，谓发现之谓生，非产生名生，义最精当。老子道生一云云之生，亦同此解。……太极即道之异名，两仪，阴阳也。夫太极发现为两仪，是谓即体成用。[1]

顺熊先生之理路言之，"有生于无"，正是"即体成用"之意。是故，无与有之分，在显道之本体论的意义来说，仅是方便的，就道体的自身言无，此总持的就天地说始，就道体的关

---

[1] 《十力语要》第3卷第13页，台湾广文书局，1971年4月再版。

涉天地万物言有，此散开的就万物说母。无是往后翻越以显本，有是向前推出去成就万物①。

此吴师经熊言之曰：

> 道是无，也是有。无就是形而上，有就是形而下。道是超乎有无，而兼摄有无的。……道永远是形而上的，可是我们不要忘记他"有名万物之母"。在他的胎中，孕育着大地万物。②

此自道的超越义言无，自道的内在义言有，自本体论的意义言无，自其本体之关涉万物言有。唯此既谓"道"永远是形而上的，又谓"有"是形而下，并非矛盾，而是意指形而上的道，一方面是超越的无，一方面是内在的有，他的胎中就孕育着形而下的大地万物。

无与有，皆就道说。故《老子》云：

> 此两者，同出而异名，同谓之玄。玄之又玄，众妙之门。（一章）

此两者，就是无与有。虽名号有异，却同属道的两面相。道既无而不滞于无，是虽无亦有；既有而不定于有，是虽有亦

---

① 参考牟宗三先生台湾大学1977学年度"魏晋玄学"讲堂上的笔记。
② 《哲学与文化》第70—71页，台湾三民书局，1971年4月出版。

无。老子即由此双向圆成而说玄，玄就是代表道的双重性，是超乎绝对与相对的，也就是道的圆成作用。此牟宗三先生言之曰：

> 道有两相，一曰无，二曰有。无非顽空，故由其妙用而显向性之有。有非定执，故向而无向，而又不失其体。自其为无言，则谓之始，自其为有言，则谓之母。实则有无浑圆为一。浑圆为一，即谓之玄。有无之异名是由浑圆之一关联着始物终物而分化出。故曰同出而异名。①

此亦从道之兼摄有无说玄，若仅言无，道就没有内容，成为无物的挂空之道，若只言有，万物就失落其根源，成了道死的无根之物。故玄即道之始物之妙与终物之徼的圆成作用。众妙万有，就在此一"玄之又玄"的圆成作用中生发出来，故谓"玄之又玄，众妙之门"。

吾人再印证《老子》另一章：

> 谷神不死，是谓玄牝。玄牝之门，是谓天地根。绵绵若存，用之不勤。（六章）

谷神之所以不死长存，依"神得一以灵，谷得一以盈"

---

① 《才性与玄理》第136页。

（三十九章）之说，是以其得一之故，始得虚而能容，神以应物。此一就是"有，名万物之母"与"天下万物生于有"的"有"，是天下万物，就在道之有的作用中发现生成，故有就是玄牝。而玄牝之门，就是"无，名天地之始"与"有生于无"的"无"，是天地的根源就在道之无的绵绵若存、永不衰竭的无限妙用中，故谓"玄牝之门，是谓天地根"。

2.由超越而内在

无与有，是道的两面相。以无言道之自体，以有说道生成万物的作用。故对天地万物而言，道是既超越而又内在的形上实体，道不即亦不离万物。《老子》云：

> 大道泛兮，其可左右，万物恃之而生而不辞[①]，功成不名有，衣养万物而不为主。（三十四章）

此言道无所不在，不自外于万物，就在吾人生命的周遭，以生养成全万物，故由此而说有；然道又不是现象之一物，是"视之不见，听之不闻，搏之不得"，是无声无臭，无形无名，而完全超乎吾人的感官经验之外，故由是而言无。然无不是逻辑的否定之无，亦非抽象的死体，故以妙状其具体而真实的无

[①] 易顺鼎曰："《文选·辨命论》注，引作'万物得之以生而不辞'，又引王注云：'万物皆得道而生。'则今本'性'乃'得'之误。"引自《老子达解》第147页。

限妙用①。是从超越性言无,由内在性说有,无言其体,有言其用。道是以其实现原理,内在于天地万物。就道之在其自己而言,《老子》云:

  道隐无名。(四十一章)
  道常无名,朴虽小,天下莫能臣也。(三十二章)
  无名之朴,夫亦将无欲。(三十七章)

  道自隐于无名无形之境,这一无名无形,老子谓之朴,故可谓道之常,就在无名之朴中。此无名之朴,即"此三者不可致诘,故混而为一"(十四章)与"有物混成,先天地生"(二十五章)的混成之一。这一超越义的道,吾人乃通过无来了解,而以无表之。然道不能滞死于无,故以其用生化万物。故《老子》云:

  朴散则为器。(二十八章)
  失道而后德。(三十八章)

  吾人试将上述二语,当作存有论的语句加以考察,朴之散,犹道之失,朴之散落而为器,犹道之下贯而为德。也就是说,就道之混然自成说朴,而道之朴一落实于万物之器,而为

---

① 《才性与玄理》第133页。

其存在本质就是德。此徐复观先生云：

> 道与德，仅有全与分之别，而没有本质上之别。①

此说有待修正，道是超越之体，德是内在之用，道是无，德是有，道以其实现原理，内在于万物。此一生化作用，周流遍在，就是万物所得自于道的德。再细加简别，德就个别体说，玄德就整体言。此《老子》云：

> 生而不有，为而不恃，长而不宰，是谓玄德。（十章）

此玄德之有别于德者，就在全与分，全者不为器所限定，故谓之玄德。是全与分之别，当在玄德与德，而道与德之别，就在一超越、一内在之分。故《老子》云：

> 道生之，德畜之。（五十一章）

此道之所生，与德之所畜者，皆指天下万物。是由根源之始言，是道；从生成之母言，是德。而"无，名天地之始；有，名万物之母"，故道是无，而有就是道下贯的德。也就是说，道之生化万物，是以德之内在的方式，以畜养成全万物。故曰：

---

① 《中国人性论史》第338页。

> 道之尊，德之贵，夫莫之命而常自然。（五十一章）

《老子》又云：

> 道生一。（四十二章）
> 天得一以清，地得一以宁，神得一以灵，谷得一以盈，万物得一以生，侯王得一以为天下贞。（三十九章）

道生一，即有生于无。天得一以清，地得一以宁，即天下万物生于有。由是言之，一是有，是道的生化作用。散开的说，天之清、地之宁、神之灵、谷之盈、万物之生、侯王之为天下贞，乃天地之所以为天地，神谷之所以为神谷，万物之所以成其为万物，侯王之所以成其为侯王的存在本质；总持的说，凡此之存在本质，皆是天地、神谷、万物、侯王所得自于道的德，故一就是有，也就是德。

3. 道法自然

吾人探讨道之本体论的意义，必得面对另一个大问题，那就是由"道法自然"牵引而出的，道在《道德经》的思想体系中，是否为最究极的存在，还是道之上另有一层所谓的"自然"？

吾人试看，《道德经》开宗明义即云：

> 道可道，非常道；名可名，非常名。（一章）

此以遮拨而非表诠的方式，对可道之道与不可道之道，作一超越的区分。从道之在其自己的超越性而言，是不可道不可名的；唯吾人对道之内在于吾人生命之中的作用，是可以有所体会证得的。吾人若试图对此有所言说，唯有通过无与有之非"指事造形"的观念，来显明道之既超越又内在的双重性格。故道不能仅是有，而把无另归之于道之上的一层自然[①]。此吾人再看《老子》另章所云：

人法地，地法天，天法道，道法自然。（二十五章）

此一上下之层次关系，必得先加衡定。吾人前已析论无、有与万物之两层与三层的区分，今若将道法自然，当作道之上另有一自然的层级，则人、地、天亦各一层，是则转成五层之说矣。且呆板地强作此解，则"无，名天地之始；有，名万物之母"转成不可理解，无既是自然，何以跨过道的这一层级，而为天地之始？而有是道，又何以跳开天地之二层级，而直接为万物之母？

在《道德经》中，天地有时代表天道的作用，有时却与万物不可分。前者如"天长地久"（七章）、"天地不仁"（五章），皆指天道的作用；后者如"天地尚不能久"（二十三章）、"无，名天地之始"（一章），皆为天地万物的泛称。故牟宗三先生疏

[①] 参见严灵峰先生《老子达解》第103—104页"道法自然"条。

解王弼首章注云：

> 天地为万物之总称，万物为天地之散说，天地与万物其义一也，只随文而异辞耳。①

故吾人实不能仅据此章，即断然在存在之层级上，强加叠架而成，此一"法"字，最好一如王弼注，当作"不违其法则"解：

> 人不违地，乃得全安，地不违天，乃得全载，天不违道，乃得全覆，道不违自然，乃得其性。②

人之成全得安，就在于不违乘载其存在的地之法则；地之成全得载，就在于不违遮覆其存在的天之法则；天之成全得覆，就在于不违赋予其存在的道之法则。问题是，什么是道的法则？道的法则又何自来？总不能再无穷往上追溯了。道之所以是道，就在于它是它自己存在的理由，也是天地万物存在的理由。自然，是对他然而言，意谓非依他而立，或有待于外的。故道法自然，就是道不违其自身之作为一切存在根源的法则。此章之层层相属，重点不在存在等级的划分，而在直接指称，人生于此世，不可能逃离大地的乘载、上天的遮覆，与

---

① 《才性与玄理》第130页。
② 《老子王弼注》第13页。[作者所引《老子王弼注》，出版时间、出版者不详。]

"天长地久"之所自来的道的法则。而此一法则无他,自然而已。《老子》言域中有四大,云:

> 故道大,天大,地大,人亦大[1]。(二十五章)

此中王弼注虽另有以域为无称之大,而以道为称中之大,故下与天地人皆在无称之内的玄义[2];然此一玄义,实为不必要的歧出。盖《老子》既谓"吾不知其名,强字之曰道,强为之名曰大"(二十五章),是则道之为名,即不可名之名,此一如无与有,均非生乎客观形状的定名,而是出乎主观涉求的称谓[3],当即无称之大,何以限之于称中之大,而另立一"域"之大?此一如道之兼摄有无,并超乎有无,其本身就是玄,然王弼注却别起"不可以定乎一玄而已,则是名,则失之远矣"之义[4]。此虽志在扫除观念之定滞而起之遮拨的辩证,然亦足见王弼注的玄理,毕竟太黏着于名言概念的辨析了。是以依吾人之见,此域中有四大之说,亦仅旨在说明天地之所以为大,

---

[1] 严灵峰先生《老子达解》第103页云,吴承志曰:"据大部:'大,天大,地大,人亦大;故大象人形。'许所据古本,'王'作'人'。证以下文'人法地,地法天,天法道',作人是矣。"另范应元本、傅奕本"王"并作"人",当据改。
[2] 《老子王弼注》第13页。
[3] 王弼《老子微旨例略》云:"名生乎彼,称出乎我。……名号生乎形状,称谓出乎涉求。……故名号则大失其旨,称谓则未尽其极。"《中国哲学史资料选辑》魏晋、隋唐之部第311—312页,台湾九思出版公司,1978年9月台3版。
[4] 《老子王弼注》第1页。

人之所以是大，就因为道之大，已内在于天地万物；或是道之大，就在天地之大与人之大中显现。而非意在四大之上，另立一"域"之大。

吾人再引《道德经》中谈及自然的篇章以为证：

> 功成事遂，百姓皆谓我自然。（十七章）
> 希言自然。（二十三章）
> 道之尊，德之贵，夫莫之命而常自然。（五十一章）
> 以辅万物之自然，而不敢为。（六十四章）

凡此各说，皆未以自然为一实体。且道既为独立不改，此独立就是不依他而自在之意。故道法自然，道之上并未有一"自然"之更高的形上实体在。《老子》又云：

> 功遂身退，天之道。（九章）

将此章与十七章对看，可知百姓皆谓我自然，即是合乎天之道，是自然乃天道之性。此牟宗三先生疏解王弼注云：

> 法自然者，即道以自然为性，非道之上，复有一层曰自然也。①

---

① 《才性与玄理》第153页。

道之所以尊，德之所以贵，就在道德之体用一如，它的自身，就是它自己存在的法则，而未有一超越其上而决定其存在者，故曰"莫之命而常自然"。就由于道是一自然，是则万物所得自于道的德，亦是一自然，故为政者，仅是"处无为之事，行不言之教"（二章），顺物之自然，辅助万物之自生自长，自在自得，而不敢有为。此之谓"希言自然"。由上言之，自然是道的存在之性，而不是道之上另有一更高的实在。

此道之自然义，《老子》又有一"正言若反"的遮拨辩证：

> 天地不仁，以万物为刍狗；圣人不仁，以百姓为刍狗。（五章）

老子的哲学问题之一，就在为儒学之圣智仁义的道德规条，作一根本的反省。儒家"人能弘道"之道，是人文化成而开出之道，"德之不修"的德，是人心修养而有得之德，此人所志之道、所据之德，皆依于仁之有心。此有心之仁，若不能致虚守静，通于外而发为圣智仁义，可能成为一主观独善的道德规条，而经由政治之有为，强加在天下人民的身上，形成一外铄的束缚；且本此心之仁，往上投射用以规定天道的本质内容，而以其为大德生生之仁。凡此皆出乎人之有心有为，而非莫之命而常自然之道尊德贵的素朴本来。故《道德经》上篇开首即曰："道可道，非常道；名可名，非常名。"下篇开首即曰："上德不德，是以有德；下德不失德，是以无德。"（三十八章）可道者，是人为规定之道、人文化成之道，非道法自然的真常之道；不失德者，是人为求得之德、人心修养之德，非上德不德的自有之德，而为下德。故一者曰天地不仁，二者曰圣人不仁，同时辩破儒家之有心有为，而归于自然之道、本有之德的素朴自在。

由此一了解，吾人始知老子何以多出"绝圣弃智""绝仁弃义"的激烈语，其用心亦仅在解消人为有心，而归于虚静无为而已！通过此一了解，对《老子》如下所云，也始有一相应的了解：

> 失道而后德，失德而后仁，失仁而后义，失义而后礼。（三十八章）

这一段话，据方东美先生云，敦煌本为：

> 先道而后德，先德而后仁，先仁而后义，先义而后礼。①

《韩非子·解老》所引，亦与王弼本有异：

> 失道而后失德，失德而后失仁，失仁而后失义，失义而

---

① 参考台湾辅仁大学1974学年度"中国哲学的精神及其发展"讲堂上的笔记。

后失礼。①

敦煌本与《韩非子·解老》，较能避开不必要的误会。若依王弼本，则仁义礼竟成道德堕落之后的产物，如是反见老子对儒家根本未有如实的了解。若依敦煌本与《解老》所云，则这一段话重在指称道德的先在性，而为儒家之仁义礼开拓形上之源。也就是说，仁义礼的道德规条，若不能由形上之道与其内在之德的价值根源流下的话，其生命的活泉必渐告干涸枯竭，而陷于僵化扭曲。依吾人之见，儒道两家的形上结构，大略等同，老子之道，即儒家之天，老子之德，亦即儒家之仁心良知，何以老子竟谓"失德而后仁"，这一说辞，衡诸两家之形上结构而言，自有欠公允，而非儒家所能心服接受。唯依老子之思路，"失德而后仁"仍可成立，以德为素朴无心，虚静自然，仁则有所不安，有所不忍，而有心有为矣。依老子的反省，人的生命所以成为有限，其转关症结，就在人的有心上，尤其是当政者的有心自为上。

（二）心的定执与道的封限

超越之道体，以其实现原理内在于天地万物。是道之无限性，亦内在于吾人生命之中。此即人之所得自于道的德。故《老子》云：

---

① 陈启天《增订韩非子校释》第726页，台湾商务印书馆，1972年4月2版。

> 道之尊，德之贵，夫莫之命而常自然。（五十一章）

是人之所以为人，就在由道之尊而来的德之贵，而此一人人有贵于己者的德，就在道自身的法则中，自然而有，而无须外求。《老子》又云：

> 道大，天大，地大，人亦大。（二十五章）

是人的生命，本在道之大的生养化成中，而直与天地同其大，何以人的生命总会掉落在有限的困境中？依《老子》之说，"大道泛兮，其可左右"，道是无所不在的，何以竟谓"大道废，有仁义"（十八章）与"失德而后仁"？且"独立不改"的大道，是"周行而不殆"的，是大道不自废，德亦不自失，此中之缘由，是"智慧出，有大伪"所致，也就是起于心知的定执，而造成道体的封限之故。

《老子》以为"道常无名朴"，真常之道的存在形式，在其自身而言，是无名之朴，唯在其关涉天地万物而言，则"朴散则为器"，众妙万有，于焉展现。有形散殊，品状各异，物我之间，不得不"任名以号物"[1]，此之谓"始制有名"（三十二章）。名定而有别，别分而起执，执取则有为妄作，是则智出伪起，朴散而成器，道废而德失矣。《老子》云：

---

[1] 《老子王弼注》第18页。

道可道，非常道；名可名，非常名。（一章）

上德不德，是以有德；下德不失德，是以无德。（三十八章）

道非现象之一物，固非官觉之所对，而抽象而得的概念，亦名以指实，有所限定，亦不足以形容道体。盖道非抽象的死体，而是有具体内容的真实存在，故出以心知的定执，对道体强加形容规定，是则无限的道体，就在心知的执取中隐退不见了，就在名言概念的界定中被封闭定着，而成为有限，此之谓道的封限。由是可知，对道体的认识，官觉经验固告落空，理性思辨亦属无效。

人心去"可道"，人心求"不失德"，可道就是以为可用名言概念去规定道的内容，不失德就是树立了主观的价值标准，而责求人人去执取求得。此一人心的认知执着，划分界域，正是人的自我封限，反成为人与道之间的障隔，而不能有直接的契合，与全面的把握，人的生命即由是而掉落在人心自画的限界中，成为框框里的人。是则，道非常道，德为无德了。《老子》云：

天下皆知美之为美，斯恶已。皆知善之为善，斯不善已。故有无相生，难易相成，长短相较，高下相倾，音声相和，前后相随。（二章）

人本来活在一个浑然天成之素朴自然的天地中，心一认知，判定什么是善，执取什么是美的时候，则丑陋的、不善的概念，亦相对而生，人由是把自身推入一个人为心执的相对世界中。有无是相对而生，难易是相较而成，长短是相形而有，高下是相倾而立，前后是相随而分，此非存有的本然，而是出于心知的定执而有[①]。若能识得此义，即知以老子哲学为相对主义，是不相应的了解。

唯此一认知上的相对区分，老子进而落在价值论上加以反省。盖心知既认定何者是美，何者为善，则此一美善，已成人的价值标准，人的生命一投入而定着此中，则人间世更高的美善，反为之断落而成不可能。且此一认知分异，并无客观性与必然性，而仅是人心一时的主观产物，对人心的虚以应物说来，是一负累定限，对生命的素朴自在说来，是一枷锁束缚。故曰：

唯之与阿，相去几何？善之与恶，相去若何？（二十章）
祸兮福之所倚，福兮祸之所伏，孰知其极，其无正！正复为奇，善复为妖，人之迷，其日固久！（五十八章）

此言唯阿善恶之间，仅是方便假立，并非本质上有异。故此间差距，不是实在，而为心知的执取幻象。此一规格界限，

[①] 严灵峰先生《老子达解·自序》第7页云："'有无相生'、'有生于无'，这是指明无能生有。"此说有待商榷。

既来自人心的主观认定，故时空背景转移，立场心态变异，正奇可以互转，善妖可以对变，而福祸亦可相倚相伏。由是《老子》故云：

> 以正治国，以奇用兵，以无事取天下。（五十七章）

治国本乎正道，用兵则出以奇变，取天下则当自然无为，此亦角度用途的转换而有的不同，故谓相去几何。而可叹的是，一般世俗不知此中的究竟，亦不知善恶美丑的价值定位，根本就没有恒常的标准可言[①]，是所谓"人之迷，其日固久"。此一心执情迷，乃生命有限困顿之所自来。故曰：

> 天下多忌讳，而民弥贫；民多利器，国家滋昏；人多伎巧，奇物滋起；法令滋彰，盗贼多有。（五十七章）

此中忌讳法令，出乎政刑有为；利器伎巧，来自人心自执，而推其原，人心自执，乃起于政治的诱导。故曰：

> 天下神器，不可为也[②]。为者败之，执者失之。（二十九章）

[①] 王淮先生《老子探义》第233页云："极，究竟也。"第234页："正，贞也，定也。"台湾商务印书馆，1977年10月4版。

[②] 易顺鼎曰："'不可为也'下，当有'不可执也'一句。"引自高亨《老子正诂》第67页。

天下万物本在道之自然法则的无限妙用中，故谓天下神器。此一神妙的组合，非人力所能介入参与，故曰不可为也。为政者一有为，则天下人民必起而执之，如是，则奇物滋起，盗贼多有，民因弥贫，国亦滋昏矣。故曰：

> 故物或行或随，或响或吹，或强或羸，或载或隳。是以圣人去甚，去奢，去泰。（二十九章）

在为政者之有为下，民心亦为之起执，上之或行，即有下之或随，故圣人去甚、去奢、去泰，而归于无为、好静、无事、无欲，使民自化、自正、自富、自朴。

（三）情识的缠结

人心所能把握的道，是为可道，而非常道，道已在心知所可中，被定住而隐退封藏，万有众妙亦在名号的界定规格中，仅成形式上的是什么，而不再是有内容意义的真实存在，并由物我相对的认知意义，转为价值定位的规范意义，因而引起社会的风尚，与人心的拘限。此一心知的定执，在自我生命的投入滞陷，与社会价值的奔竞争逐中，遂转为情识的缠结了。

在道的素朴无为中，浑然自成的自然天地，一者由心知的定执，而成"始制有名"，开出一概念的世界与人文的社会；二者在"朴散则为器"的散落化成中，亦"化而欲作"，此万物的自生自化，亦渐离本来之素朴，在形躯生理的牵引中，欲求渐露。唯此一"化而欲作",尚留在自然顺遂的阶段,虽欲求渐露而犹未构成大病,若与"始制有名"一碰触交接,则人的生理本然,在心知的介入下,被强化助长,转成情识的缠结,生命本真即被拉引而去。故《老子》云:

是以圣人之治,虚其心,实其腹,弱其志,强其骨。(三章)

实腹强骨,即回归到原有之生理本然的顺遂中,虚心弱志,即取消人心对自然生命的干预与牵引。《老子》云:

不尚贤,使民不争;不贵难得之货,使民不为盗;不见可欲,使民心不乱。(三章)

贤德与难得之货,或来自人之精神涵养,或来自物之天生自然,老子实无鄙弃抛离之理。此中老子所试图批判的,不在贤与难得之货的自在自得,而在君王有心推助的崇"尚"与尊"贵"。此政治人为的"始制有名",介入了本属自然的"化而欲作"中,必引发天下人民竞逐名号与争夺财货之风。权位之名、财货之利,已走离素朴之欲的本然,而转为人心渴望求得的可欲了。若为政者别有用心,是则天下才士亦尽入其彀中矣。故君王"尚"与"贵"的误导,在民心形成所"可"的执取,顺此而下,求民之不争不为盗,实不可得,且在患得患失

的纷扰下,民心势必为之大乱了。故又曰:

> 驰骋畋猎,令人心发狂;难得之货,令人行妨。(十二章)

心乱之极,则为心发狂,争而为盗,即为行妨。此就政治之反省言,就是"民多利器""人多伎巧",虽"天下多忌讳""法令滋彰",然在"奇物滋起"之际,盗贼亦不免多有,国家亦不免滋昏了。再就人生而深加反省,一投入而滞陷此中,则:

> 甚爱必大费,多藏必厚亡。(四十四章)
> 宠为下,得之若惊,失之若惊,是谓宠辱若惊。(十三章)

此所甚爱,并求以多藏者,皆属外在的权位财货;而所大费,且不免厚亡者,却是吾人生命的本真。为了此等身外物的虚名妄执,竟付出了生命自我的重大代价。故《老子》云:

> 名与身孰亲?身与货孰多?得与亡孰病?(四十四章)

所得者仅为君王假立的名位,与在生命之外的利货,所失者却是人的自在自得。再进一步说，此一求宠的本身就是辱，就是卑下。以不管是得是失，都是依他而定，而自身不能自主，故宠辱之来，不免有患得患失之心，则生命自我恒掉落在惊恐忧疑之中，此非卑下而何！

《老子》另云：

> 为者败之，执者失之。是以圣人无为故无败，无执故无失。（六十四章）

圣人之治，不求有为自重，不起独断妄执，始能无败无失。而天下人民若有知有欲，争逐为盗，其祸咎之来，又何止是束缚加身、烦恼自寻，必致遗身殃而后已！

由上言之，人的生命本有其道生德畜的尊贵，而可与天地同其大。奈何一者由于政治人为的"始制有名"，二者由于自然生命的"化而欲作"，二者之碰触交接，人心介入了生理的本然。此其结果，一者心知的定执，道为之封限不见；二者并由心知的相对认知，转为价值的定位规准，在政治的误导下，人的生命一投入，遂滞陷此中，而构成情识的缠结，人的生命由是而成为有限。

第二节　物壮则老与不道早已

（一）反者道之动，弱者道之用

1.反者道之动

上节所论，是为道之本体论的意义，此节则进而探讨道之宇宙论的意义。也就是说，不专就道之自身的超越性说，而偏向道之关涉天地万物的内在性说。就道之无的超越义而言，道是不可说的，吾人求以言语概念以形容道体，则道适在吾人心知的执取中，成为可道，常道即由是而告封限隐藏。是人之生命所以成为有限，乃来自人心的画地自限，故重在心执与由其牵引而出之情结的消解。就道之有的内在义而言，则道是可以体会契悟的，吾人致虚守静，即可由自知而知常，在道的运行与其发用中，以见其变中之常，由是而寻求回归素朴，顺应自然之道。是人的生命所以成为有限，乃来自人的走离素朴，求强妄作。

道之关涉天地万物，《老子》分由两方面言之：

> 反者道之动，弱者道之用。（四十章）

此言道的运行轨道在反，而其显现发用的存在样态是弱。道的生成万物，就在它回返它自身的和谐作用中，此之谓天下万物生于有；而道之所以能成此大用，就在其自身的虚弱，此之谓有生于无。老子哲学，于道之无与有的两面相说玄，并以虚言无，以和言有，由虚以生始物之妙，由和以成终物之徼。"弱者道之用"，所谓的"弱"就在其虚；"反者道之动"，所谓的"反"就在其和。请先说其所谓之"反"。

吾人若仅由"反者道之动"这一语句，作一孤立的省察，实不知其究何所指。唯《道德经》言"反"者，尚有如下数条：

有物混成，先天地生。寂兮寥兮，独立不改，周行而不殆，可以为天下母。吾不知其名，字之曰道，强为之名曰大。大曰逝，逝曰远，远曰反。（二十五章）

玄德深矣，远矣，与物反矣。然后乃至大顺。（六十五章）

正言若反。（七十八章）

此中"正言若反"，是以负面的表示以呈显正面的意义，不正面说是什么，而仅负面说不是什么，也就是不以表诠，而出以遮诠，以遮拨的辩证，消解名言概念的定限，在不可说之中，以达到对道有所说的目的。故此一"反"字，说的是其表达方式，而非指道之运行的轨道律则。

"有物混成"与"道之为物"（二十一章）的"物"，皆属"存在"之意，是上述二语犹言"有一浑然自成的存在"，与"道这一存在的形式"。若胶着字面上的意义，必将道定着在有之物上①。"先天地生",言其先在性;"独立不改",言其自存性;"周行而不殆",言其遍在性;"可以为天下母",言其实现性。此一道体是不可名的,故曰字之曰道,再强为之名曰大。以道言之,取其为万物所共由之意,而大乃吾人所能言中之最大者。然既强为之名曰大,则大亦是一名,名已有其定限,故通过"大曰逝,逝曰远,远曰反"之层层辩证,加以遮拨,以扫除观念之定滞。同时,亦表道之一往前行(大曰逝),与无远弗届(逝曰远),此即"周行而不殆"之意;然不管其如何奔行远引,道仍是道,此即"独立不改"之意。"反"者所指者何,非相反相生之意,而是指返归其自身,不离其自身之谓。如是已属"道法自然"的究极之义,故此一辩证历程,至"反"即止。

再说所谓的"玄德",德是天地万物所得自于道的存在本质,唯此一道内在于天地万物的生成作用,就个体说德,就整体说则谓玄德。玄德,就是深远而不可知的道之作用。万物不论其如何生灭变化,皆在这一作用的规范中,决不能逸出道的轨道,逃离道之动的自然法则。也就是永远在整体之道的均衡和谐中,这就是所谓的"大顺"。"大"是道的强为之名,"顺"则是自然的均衡和谐。

《老子》言"反",又言"复归"。《老子》云:

---

① 严灵峰先生《老子达解·自序》第5页云:"老子的道是'有',而不是'无'。"又云:"道为混成之'物'。"

绳绳不可名，复归于无物。（十四章）

万物并作，吾以观复。夫物芸芸，各复归其根。（十六章）

常德不离，复归于婴儿。……常德乃足，复归于朴。（二十八章）

见小曰明，守柔曰强，用其光，复归其明。无遗身殃，是为习常。（五十二章）

"绳绳不可名"，依王淮先生的考据，云：

> 拙作"绳绳者"引高鸿缙先生《中国字例·象形篇》：玄，即"绳字之初文"之说，证明"绳绳"即"玄"。"绳绳兮不可名"，即"玄玄兮不可名"。盖道体虚无，玄之又玄，故曰："玄玄兮不可名，复归于无物"也。①

此说甚是，将本章与前引之"玄德深矣，远矣，与物反矣"对看，"绳绳"，正是指"玄德"的作用；"不可名"就是"深矣远矣"；"复归于无物"，就是"与物反矣。然后乃至大顺"。此"复归"就是"反"，"无物"就是道的自然法则，也就是道的均衡和谐。而"常德"就是万物得自于道的恒常之德，人不自离其常德，其常德自足，当下即复归于道的素朴自然，与其具体人格之表征的婴儿之境。由是而言，万物芸芸化

---

① 《老子探义》第57页。

成,均复归到其存在根源的道之作用中,此之谓"各复归其根",且在"吾以观复"中,自有其见小之明,然吾人"用其光",可能入于"智慧出,有大伪"之危,故尚要把此一突起的理性之光,还归为道体之明照,此即"和其光"(四章)与"光而不耀"(五十八章)之意。

概括上述,所谓"反者道之动",就是道的运行,其轨道恒复归于其自身的法则,更确切地说,道的轨道,从不离其自身的生化作用,此正是"道法自然"之谓。老子由此言"反",亦由是而言"复归"。

唯此说仅是形式的意义,对于"反"与"复归"的内容,仍未有进一步的说明。依个人之见,老子所谓"反"与"复归"的原理,就在其作用之"和"。《道德经》言"和"之篇章,有底下数条:

> 道生一,一生二,二生三,三生万物。万物负阴而抱阳,冲气以为和。(四十二章)
> 含德之厚,比于赤子。……骨弱筋柔而握固,未知牝牡之合而全作,精之至也;终日号而不嗄,和之至也。知和曰常,知常曰明。(五十五章)
> 和大怨,必有余怨。(七十九章)

此中,"和大怨,必有余怨",言物我之间,关系破裂之后,再求有以和解弥补,已难以回复其初之浑然自在。以是告诫天下人，根本的和解之道，就在不自起怨怼之心，而非大怨已生，再求消解补救。是此一"和"字，并非专指道的作用之和。

所谓"道生一"之"生"，仍是发现义，是即体显用的生，是以其实现原理化成万物的生。道生一，依前节解析，一就是道之德，道之用，也是道之有；一生二，此一实现原理，发用为二，就是天地的交感和合。故《老子》云：

> 天地相合，以降甘露。（三十二章）

在天地交感的均衡和谐中，涌现了生命的甘泉活水，此一和合的生化作用，就是三。万物就在这一"和"的均衡中生养化成。

此吾人再证之以《老子》另章所云：

> 归根曰静，是谓复命。复命曰常，知常曰明。（十六章）

归根，就是各复归其根；复命，也就是回到生命的本根。而万物之生命的本根，就是得自于道的常德，人能自知此常德，就是"自知者明"（三十三章）与"知常曰明"的"明"。然《老子》又云："知和曰常。"是常德之内容，就在其"和"。这一天道的和谐均衡，就是"静"，故归根曰静，也就是回到道之和谐均衡的自然法则中。

故由一而二，由二而三，皆落在理上言，而不落在气上说。唯就每一存在物而言，其生命之所以存在，就在负阴而抱阳的冲气之和中。吾人固不能即万物之"然"的阴阳之气说二，并以其气之和说三；然必有"所以然"之实现原理的天地之二，才会有万物之"然"的阴阳之二；必有"所以然"之实现原理的天地和合，才会有万物之"然"的阴阳气和。故天地相合，其作用当在"知和曰常"的和。

牟宗三先生解一为无，二为无与有，三为有无对立浑化之玄。谓如此解，可避开道沦于气化的困难。先生以为此中之一、二、三，非宇宙生成或演化的历程，而是指其实现原理[①]。故就道之本体论言，此说最为胜义，然若连着宇宙论而言，就显不出"天地相合，以降甘露"与"万物负阴而抱阳，冲气以为和"的实质意义。

这一"和"的作用，这一天地的相合，更具体言之，则是：

> 天之道，其犹张弓与！高者抑之，下者举之，有余者损之，不足者补之。（七十七章）

天之道，即道的作用，是永远维系一个均衡和谐，故抑高举下，损有余以补不足，这就是天地相合的"和"。而落在人

---

① 参考牟宗三先生台湾大学1977学年度"魏晋玄学"讲堂上的笔记。

的个体生命言，含德之厚有如赤子，"未知牝牡之合而全作"的"精之至"，与"终日号而不嗄"的"和之至"，就是纯任自然，而有其阴阳和合之功。

吾人再看老子所谓的"精"，《道德经》云：

> 道之为物，惟恍惟惚，惚兮恍兮，其中有象，恍兮惚兮，其中有物。窈兮冥兮，其中有精，其精甚真，其中有信。（二十一章）

前寂兮寥兮，言道的独立自存之貌；此惟恍惟惚，言道的无形不系之貌；窈兮冥兮，则言道的玄深幽远之貌。凡此之形容，皆指向道之体、道之无说。然道虽无形不可得而见，其生化作用却真实存在，故谓"其中有象""其中有精"，此则言道之用、道之有。而道之用、道之有，就在其"和"，故其中有精，亦落在反之动的和之用说，是所谓的"精之至"，亦即其"和之至"。万物就在道之和的作用中，孕育长养而出，故谓"其中有物""其中有信"。是天地相合的和谐作用，就是其中有象，其中有精，而负阴抱阳的和气均衡，就是其中有物，其中有信。

由上述可知，老子的宇宙论，是连着本体而展开。道之运行，恒返归其自身的法则中。此一法则，就是道的作用，永远维系一个和谐均衡。而在道之作用下生畜形成的万物，其生命存在，就在其阴阳之和。

此道之动，就在天地相合之和的静中动；万物的存在，也在负阴抱阳之和的柔中存在。此一天地之和的静，此一阴阳之和的柔，虽"用之不勤"，却"绵绵若存"，虽"含德之厚"，却"比于赤子"，老子由是转言"弱者道之用"。

2.弱者道之用

"反者道之动"，"反"就是复归其自身的法则，而此一法则，就是天之道之均衡和谐的作用。道就在天地相合的均衡中，为天地之始；就在万物负阴抱阳的和谐中，为万物之母。也就是说，道之所以能长久的生养化成天地万物，就在其"不自生"的虚，此即老子所谓的弱。然则，道之动在反，道之用在弱，和以说反，虚以说弱。此《老子》云：

> 道冲而用之，或不盈，渊兮似万物之宗。挫其锐，解其纷，和其光，同其尘。湛兮似或存，吾不知谁之子，象帝之先。（四章）

此是老子对道体的体会所加的描述。因道是不可说，故用了诸多或、似、似或、象等不着意的语词，以冲淡名言概念的确定义。此言道是以虚为用，不用尽求满。就因为道体是无，而以虚为用，才能成为万物的宗主。道挫损自身的锋锐，不以自己独有的存在形式去决定万物，也不直接参与万物的气化生灭，而仅以其实现原理内在天地万物，是在万象流转中，反能解消自己掉落于纷杂的危机。道不凸显自己，涵化自身的光耀，而浑同自己于万物。故吾人但见天地万物的自生自长，而究其实，应是用之不盈，湛然长存的天道之功。此《老子》言之曰：

> 天地之间，其犹橐籥乎！虚而不屈，动而愈出。（五章）

这个天之道的虚无妙用，有如风箱乐管，虽至虚而备众妙，甫一发动，则或炉火纯青，或乐曲高鸣，就会由其中空处，源源不竭地涌现出来。是体虽虚而不可见，然其用有不尽，故又曰：

> 绵绵若存，用之不勤。（六章）

道不有自己之虚，状似弱，实则就是道的妙用玄德。《老子》曰：

> 以其终不自为大，故能成其大。（三十四章）
> 天之道，不争而善胜，不言而善应，不召而自来，繟然而善谋，天网恢恢，疏而不失。（七十三章）
> 夫唯道，善贷且成。（四十一章）
> 天地所以能长且久者，以其不自生，故能长生。（七章）

上引各章所云之"不自为大""不自生""不争"等，皆言道之不有自己、不自限,此显道之虚、道之弱。老子以自然为善,故"善贷且成",是道之自身的法则,以其实现原理内在天地万物,就在天地万物的顺遂生长中,表显与成就其自身。此即"成其大""善胜""长生"之义,也就是天大地大与人亦大,以成其自身之大。

再从另一角度言之,《老子》云:

> 生而不有,为而不恃,长而不宰,是谓玄德。(五十一章)

此言道生养万物,而不据为己有;道以其无为,为万物安排一切,而不恃为己功;道长成万物,而不自为主宰;故道的玄德,就在其虚。道是以不有、不恃、不宰的方法,去生畜长养万物。老子就道之亦有亦无的浑圆为一处说玄,其生为、长成的作用是有;然又言其放开万物,而显其不有、不恃、不宰的虚无善贷:是虽有亦无,故谓玄德。此王弼注云:

> 不塞其源,则物自生,何功之有?不禁其性,则物自济,何为之恃?物自长足,不吾宰成。有德无主,非玄而何。①

此使万物得以自生、自济、自长足,就是虚无妙用。牟宗

---

① 《老子王弼注》第5—6页。

三先生发其义云：

> "生而不有"，即是无心之生。……"为而不恃"，即为无为之为。……"长而不宰"，即是不主之主。①

也就是说，道是以顺物之自然，来作为万物的主宰，以不决定的方式，来决定万物。

由上言之，道之动在反，而反就在其"和"，由是《老子》遂有"重为轻根，静为躁君"（二十六章）之说，道就在天地相合与阴阳和合的"静"中动，故重为轻之根，静为动之君。由此而言人生之用，则曰："牝常以静胜牡，以静为下。"（六十一章）另一方面，道之用在弱，而弱就在其虚，由是《老子》而有"贵以贱为本，高以下为基"（三十九章）之说，落在人生之用，则曰："弱之胜强，柔之胜刚。"（七十八章）此重所以为轻之根，此静所以为动之君，此贱所以为贵之本，此下所以为高之基，以及此弱之所以胜强，此柔之所以胜刚，就在道以虚为用，而动之以和之故。

（二）物壮则老，不道早已

道之动在反，反是复归其自身的法则，其天道法则就是天地相合的作用，此之谓"知和曰常"。天地万物就在这一和谐均衡中，获致生命的活力甘泉。《老子》曰：

---

① 《才性与玄理》第141页。

飘风不终朝，骤雨不终日，孰为此者？天地。天地尚不能久，而况于人乎？（二十三章）

飘风骤雨，挟雷霆万钧之势，突地而来，而不终朝不终日，亦迅即消逝无踪。此天地的有心而为，走离道之运行的常轨，终为天道维系和谐的均衡作用所打散，而复归于自然本有的平静。此所谓"天地尚不能久"，与前引之"天长地久"，岂非前后矛盾。盖后者指的是"天地不仁""天地相合"的自然法则，前者指的是天地的有心自为，悖离天道的常轨，也终为"道法自然"的作用，拉回到本来无物的和谐平静中。

此落到生命存在的自然现象，加以考察，则曰：

人之生也柔弱，其死也坚强，万物草木之生也柔脆，其死也枯槁。（七十六章）

"未知牝牡之合而全作"的"精之至"，就是"负阴而抱阳，冲气以为和"的"和之至"；而"和之至"所显的存在样态是柔弱，正是"骨弱筋柔而握固"之"精之至"的生命表现。而人之坚强，草之枯槁，则已失去其阴阳均衡之和，是为死亡之征象。此《老子》又言之曰：

果而不得已，果而勿强，物壮则老，是谓不道，不道早已！（三十章）

此所谓"果",乃顺应天道之反,自然之和,守住素朴之虚,无为之弱,故曰不得已,故曰勿强。

唯物自求其生命壮大的强度表现,走离其本然素朴的阴阳之和,而有一单向偏锋的发展,如此必造成生命力的透支耗费,有如飘风骤雨的突地激起,而迅即沉落,这就是所谓的"物壮则老"。而凡背反道之实现原理之和者,必自落衰亡之境,是谓"不道早已"。凡此之自求坚强壮大,《老子》言之曰:

> 心使气曰强。(五十五章)
> 强行者有志。(三十三章)
> 强梁者,不得其死。(四十二章)
> 不知常,妄作,凶。(十六章)

万物的存在,都是负阴抱阳而得其和者,这就是道之常。不知此道常之和,而求以妄作强行,以心知介入原本柔和的自然生命中,以鼓起其有干天和的壮志豪情,必归于"不道早已""不得其死"的终局。是以《老子》曰:

> 虚其心,实其腹,弱其志,强其骨。(三章)

虚心弱志,就是不发心使气,不兴志强行,如是,人的生命,就可以维系其阴阳本然的顺遂和谐,此谓实腹强骨。

若轻举妄动，必失其虚之本、其和之君。故曰：

> 轻则失本，躁则失君。（二十六章）
> 企者不立，跨者不行，自见者不明，自是者不彰。（二十四章）

自是自见，企立跨行，皆是有心求强，反而不能长久，不能彰明。此谓"物壮则老，不道早已"。

（三）人之生，动之死地

飘风骤雨，以其有心自为，走离天地之和，而不能长久；强梁物壮，以其有志强行，失去阴阳之和，而不道早已。而人之求生，亦常适得其反，而堕于死地。此《老子》曰：

> 出生入死。生之徒，十有三；死之徒，十有三；人之生，动之死地①，亦十有三。夫何故？以其生生之厚。（五十章）

人的生命旅程，就是出于生而入于死；而生死皆属自然现象，是人力无以介入与挽回者。老子所深感痛惜的是，一般人为了太想活着，用尽心机去厚养其生，结果反而堕于死地。此养生不成，竟至人生百年之为人所应享有的天年，亦不能保有而中道夭，这才是人间的大悲剧。而形成此一悲剧的原因，就在：

---

① 高亨《老子正诂》第107页云："韩非、傅、范并重生字，是也。下文云'以其生生之厚'，即承此句生字言。是其证。"

吾所以有大患者，为吾有身。（十三章）

五色令人目盲，五音令人耳聋，五味令人口爽，驰骋畋猎，令人心发狂。（十二章）

生命的存在，本是一自然，由天地相合而有阴阳和合，万物在此一均衡和谐中，始得以顺遂成长。唯人之心知，执以为有，始成吾生之大患。盖一有其身，则养生之厚随之，人由是目眩五色，耳醉五音，口嗜五味，心狂于驰骋畋猎，此已失其生命的素朴之和，而转为心知的拘限定着，与生理的疲累麻木，此之谓"动之死地"，此之谓"不道早已"。

而根本消解此一大患之道，就在不有其身，故曰：

及吾无身，吾有何患？（十三章）

后其身而身先，外其身而身存。（七章）

后其身与外其身，就是不有其身，不厚其生，生命归于素朴，如是，反能身先身存。否则，"甚爱必大费，多藏必厚亡"（四十四章），为了名之甚爱，为了货之多藏，必大费其身，厚亡其生。故《老子》云：

名与身孰亲？身与货孰多？（四十四章）

综括全章，老子的哲学，主要在反省人的生命何以成为有限的问题。老子以为，道体本是无限，既超越而又内在，是道大而人亦大；然在人之心知的执取之下，道落为可道，德转为下德，美善之相对假立于先，贵高之政治推助于后，由认知定位转为价值追求，使民心因名利之可欲，而为之大乱，引生了情识的缠结。另一方面，道之动在反，复归于和，道之用在弱，妙用在虚，然人发心使气，走离其和，有志强行，自失其虚。凡此之不道之行，非物壮则老，即动之死地。是前者言人之精神生命之所以有限，是出于人之有心起执，后者言人之形躯生命所以早已，是出于人之有为妄作。而有为来自有心，妄作来自起执，故虚心守静，成为其主体修养的实践进路。

第四章

即有限而可无限的实践进路

吾人于上章《人的生命何以成为有限》的存在反省上，已将老子哲学的形上结构，加以展示，并分由心的定执而有之道的封限，与物壮则老而有之不道早已两路，以说明人的画地自限与动之死地的生命困顿。本章即由此一生命有限的存在事实出发，透过主体的修养，以打开即有限而通向无限的实践进路。此一进路是由吾心之致虚守静，以开出生命的微妙玄通，并由吾生的专气致柔，以回归生命的素朴本真。

是老子哲学之政治人生的价值归趋，虽落于道之无为而无不为上，然并非由形上之道而获致其必然的保障；而是经由主体的修证，对道有其形而上的体会证悟，才发为思想玄理的。故老子的形上思想，并非仅来自理性的玄思，而是出乎生命的体证而得。不明此义，则老子的形上哲学，必转成独断的空论，而直落在吾人的生命之外了。

以是之故，吾人研读中国哲学，在义理规模的架构而外，自当走实践的进路。如是，对古圣先哲的慧命，始有其存在的呼应。而在这一生命的体证之下，古人心即今人心，虽时历百代，亦可千古无隔，古圣先哲的慧命，才能真实地再现我心，而形成薪火永传的民族共命慧。否则，老子自老子，吾人归吾人，除了满足知识性的要求而外，实不能与吾人的生命有其心心相印的血脉相连。如是，读古人书，体会自不深，感受亦不切，实无多大意义。

第一节　由致虚守静到微妙玄通

（一）无为而无不为的经验考察

老子哲学，以无说道体，以虚弱说道用，以归根之静说道之常，以复命之和说道之动。凡此诸说，皆关涉老子道之形而上的体会，吾人以为，在其主体的修证体得之先，必有其透过经验考察而得的灵感激发。《老子》云：

> 上善若水，水善利万物而不争。处众人之所恶，故几于道。居善地，心善渊，与善仁，正善治，事善能，动善时。夫唯不争，故无尤。（八章）
>
> 江海所以为百谷王者，以其善下之，故能为百谷王。……以其不争，故天下莫能与之争。（六十六章）
>
> 天下莫柔弱于水，而攻坚强者，莫之能胜，以其无以易之。（七十八章）
>
> 天下之至柔，驰骋天下之至坚，无有入无间。吾是以知无为之有益。（四十三章）

所谓上善，就是上德，而"上德无为而无以为"（三十八章），是上善也是无心而为的。以自然无为为善，正是道家思想的通义。水之利万物是无心的，是本其自然的利，故以水为其上德的表征。若解"善利"为"善于利"，不仅语意不明，易生误解，且既说善于，则已属有心而为的利，不论其居心为何，终究是有所为而为，则已非不争了。水以其自然无为而有利万物之实，此即"无为而无不为"，且水又是处下不争，处众人之所恶，此正与《论语》儒学"君子恶居下流，天下之恶皆归焉"（《子张》）之说不同；而直以江海之所以能为百谷之水的汇归之所，就由于它的自然处下之性。

个人以为，老子对道之形而上的体悟，可能即由对水之观察有得始。水为天下之至柔，可来去自如的驰骋于天下至坚之物中，此言水无所不在；且水以其至柔之无有，可入于天下至坚之物的无间之中，此言水的没有自己，可随方而方，随圆而圆。然不管其存在形式为何，水永远还是水，其本质未有任何变易。就因为水无所争，故天下莫能与之争，水最柔弱，也最坚强。此一"几于道"的形上体悟，引发其政治人生"无为之有益"的价值归趋。人当居处于自然无为之地，心守于自然无为之渊，与人于自然无为之仁，言语于自然无为之信，政治于自然无为之治，事尽于自然无为之能，动宜于自然无为之时。前三者指向人生之虚静素朴，后四者则指向政治之自然无为[①]。

老子并由是转而对万物草木与人的生命现象，作一统合的观察，曰：

[①] 二章云："圣人处无为之事，行不言之教。"十七章云："信不足焉，有不信焉。悠兮其贵言。"均以言为治道之事。

人之生也柔弱，其死也坚强，万物草木之生也柔脆，其死也枯槁。故坚强者死之徒，柔弱者生之徒。（七十六章）

不管是人或草木，反正万物生之存在样态是柔弱，而死之存在样态则为坚强，由是而获致一概括的论断，凡存在样态柔弱者，是生命的表征，而存在样态坚强的，反而是死亡的迹象。是赤子婴儿的柔弱精和，正是其生命全幅呈露之深厚绵长的现象，故有专气致柔如婴儿，含德之厚比赤子之说。

此外，在日常器用上，亦有其相当的观察所得：

三十辐共一毂，当其无，有车之用；埏埴以为器，当其无，有器之用；凿户牖以为室，当其无，有室之用。故有之以为利，无之以为用。（十一章）

三十辐共一毂的车轮，乃由其毂之无而有其用；埏埴以为器的陶瓷，乃由其器之无而有其用；凿户牖以为室的建筑，亦由其室之无而有其用。由是可见，凡有之所以有其定用，皆由其无之虚妙而显现。

老子之以无为本，以有为用，以柔弱为强，以精和为至，就一位哲人之形上体悟而言，自有其来自当前现境的经验考察，而引发其生命的洞见。

（二）致虚极、守静笃的主体修证

对于万象自然的观解而有的灵感激发与生命洞见，毕竟是外缘而起，尚非由生命的修证而得。故老子的形上妙悟，要有其真实意义，而充分证成的话，实非返归于主体修证之路不可。如是，形上之道对吾人的生命而言，才有其真实性与必然性，不然的话，终是空谈无根，没有任何保障的。

1. 为学日益，为道日损

人之主体的修养，老子首在为学与为道两路，作一本质上的超越区分。为学是经验的进路，为道则是超越的进路。《老子》云：

> 为学日益，为道日损，损之又损，以至于无为。（四十八章）
>
> 物或损之而益，或益之而损。（四十二章）

所谓日益日损，皆就心而言。为学是外在世界的自然万象，透过官觉作用，印象于吾心。此等飘忽的印象，或牵扯而起的偶发意念，为吾心所执取认可，遂成为知识的概念或价值的可欲，此一心知的造作就是成心。是为学是向外求得，日有增益的，正是民心大乱生命外逐之所自起。故《老子》云：

> 绝学无忧。（二十章）
>
> 欲不欲，不贵难得之货；学不学，复众人之所过。（六十四章）
>
> 知不知，上；不知知，病。（七十一章）

为学日益，既为生命有限，存在困顿之源，是绝学而心无挂碍，情无牵扯，自可无虑无忧。再进一步言之，绝学就是欲人之所不欲，学人之所不学，知人之所不知，已由经验层面往上超拔，转向为道之功夫了。

老子哲学兴起之旨趣，其外缘在救周文之桎梏，其内因在消解生命之造作与外逐。是为道日损，即将心知的造作，加以逐层剥落，使生命不外逐不散落。这一知相欲念的剥落散开，所呈现的就是道心；是则道的封限，亦在吾心的"损之又损"中，逐步的开显其"玄之又玄"的无限妙境。如是，吾人每抛开一心知，消除一欲念，吾心必多得一分的解脱，增长一分的自在。这也就是减损反见增益，而增益反见减损的道理。也就是说，在为学日益之时，心知日有所成，由于重重的约定与层层的束缚，心失去其本有之虚静，吾人存在的世界遂随之相对的减缩，而生命亦渐趋混杂；在为道日损之时，心不求取积成，由于约定的解开，与束缚的消除，而有其形而上的玄鉴明照，吾人存在的世界，随之日渐扩大，而生命亦回归其自在的素朴。此《老子》曰：

涤除玄览，能无疵乎？（十章）

涤除者，乃日损其杂染之谓，玄览，就是恢复吾心的虚静清明。这一直觉观照的能力，是直接面对而当下呈露的，不必透过中介的知识概念与官觉印象，亦无需假借理性作用的分析

与推论,对于当前现境即有一整体而直接的感觉与把握。此业师吴经熊先生言之曰:

> 西方人对于真理的推求,是讲逻辑,一步一步的来推论,我们是注重直觉妙悟。……笛卡儿有一句名言,就是我思故我在。这便是通过理智以证明他自己的存在。……这些原始的真理,不能用逻辑来证明的,而是要用直觉来了悟的。①

是吾人对道体的体悟,不必通过概念思辨与官觉经验,此《老子》言之曰:

> 始制有名,名亦既有,夫亦将知止。(三十二章)
> 视之不见名曰夷,听之不闻名曰希,搏之不得名曰微,此三者不可致诘,故混而为一。其上不皦,其下不昧,绳绳不可名,复归于无物。(十四章)

道是彻上彻下,超乎前后之空间方位,与古今之时间长流之上的。其"混而为一",自非感官经验的对象,故谓"此三者不可致诘"。又名言后起,乃物象印入吾心而有之抽象概念。此等名言概念用以形容玄之又玄的道体,是有其限制,而不能穷尽的,故谓亦将知止,故曰不可名。《老子》云:

---

① 《哲学与文化》第79页。

> 故常无，欲以观其妙；常有，欲以观其徼。（一章）

此处之常无与常有，依个人之见，乃承接上文，指谓不可道之道，以道体之常，就在"无"与"有"的两面相与双重性中显。若将常无与常有，归之于吾心，则下文观其妙与观其徼的"其"之所指，就不能是道，而是心了。且谓吾心之常有，在《老子》全书之义理脉络中，实难有一贴切恰当的了解。故当作如是解：说道是恒常之无，与恒常之有，只具形式的意义，总得通过吾心虚静的朗现观照，始能映显其内容意义，从生命实践的主体参与，来证实道之常无与常有的真实内容。故《老子》云：

> 孔德之容，惟道是从。（二十一章）
> 万物莫不尊道而贵德。（五十一章）

此云大德的作用，是顺道而行的①。就形上结构言，德之贵，是由道之尊而有，然就主体修证而言，道仅有其形式的意义，其真实义是以德为其内容的。此一如儒学虽云"天生德于予"（《论语·述而》）、"此天之所与我者"（《孟子·告子上》），与"天命之谓性"（《中庸》第一章），然总要"下学而上达"，才能"五十而知天命"，要"尽其心"，才能"知其

---

① 高亨《老子正诂》第51页云："容，疑借为榕，动也。……大德者之动，惟从乎道也。"

性"而"知天",要"尽其性""尽人之性""尽物之性",才能"赞天地之化育""与天地参"。是天的真实意义,就在主体尽心尽性的生命实践中,而有其内容的。

《老子》所谓的德,也是出乎主体修证而得的。《老子》云:

> 修之于身,其德乃真;修之于家,其德乃余;修之于乡,其德乃长;修之于国,其德乃丰;修之于天下,其德乃普。(五十四章)

此言透过主体的修养,乃有其德,其修养功夫由身家而乡国,而天下的日趋扩大,其德真的内容,亦随之逐步的深长丰厚。《老子》又云:

> 古之所以贵此道者何?不曰:求以得,有罪以免邪?故为天下贵。(六十二章)

道之所以为天下人所尊贵,就在人人可自求自得,自修自证,而免乎心知疲累与情识困结之罪。

德来自人之自修自证而得,此即为道日损的进路,而其功夫就在心上做,就在心的致虚守静。

2. 虚静心的明照:由自知而知常

老子哲学的进路,在于主体的修证,而其功夫,则在心上做。《老子》云：

> 致虚极，守静笃，万物并作，吾以观复。（十六章）

心致虚至极，无有心知可欲，不贵亦不尚，始能心不乱地守静至笃。而此虚之致，此静之守，乃吾心之自致自守。在涤除心之知相意念等尘染之后，即显其自在之明照，此即所谓之玄鉴直观。如是，吾心可超乎万物并作之生灭变化的现象流转之上，一者不对物象起执，而转成心知；二者不与之俱转，而滞陷物中。并由此心之虚明，以静观万物之归根复命之常。《老子》云：

> 自知者明。（三十三章）

人自我流落于心知的定限之域，自我放逐于情识的争逐之场，其日一久，呈现意识中的自我，是心执与情结之我，人之本质遂失落而不自知。而心归于虚静，即有如明镜，首在照显自我，此一由虚静心所照显之我，就是吾人生命之德。是谓"自知者明"。

其次，此虚静心的明照，就在朗现天地万物之真相。在消解相对认知与价值定位之后，心无主观规格以加之外物，外物始得以其本来面目，呈现于吾人的玄鉴之心。此《老子》云：

以身观身，以家观家，以乡观乡，以国观国，以天下观天下。吾何以知天下然哉？以此。（五十四章）

这一直观明照，无须假借名言概念，或通过官觉印象，以执取或规定外物之存在；而是让万物在吾人的观照中，呈现其自身。身显露其为身，家显露其为家，国显露其为国，天下显露其为天下。此身家乡国天下，并非吾人心知所执取或扭曲的产物，而是以其自身之本德，向吾人展现。故云吾人所以得知天下之真相，就以此心的直观明照，故又云：

知常曰明。（五十五章）

自知者明，知常曰明，是心之虚明，既可照显自身自家，亦可朗现他物他家，是自知是此明，知常亦是此明。再圆成一步说，吾人就在自知中知常，在知自身自家的一刹那，同时已知乡国天下了。吾心之虚静，不仅照显了自身自家之德，而在不加规定扭曲之下，也朗现了乡国天下之德。此《老子》又云：

不出户，知天下；不窥牖，见天道。其出弥远，其知弥少。（四十七章）

主体修证的功夫在心上做，是内修自证而不必往外寻求。

往外寻求，是为学日益之路，故其出弥远，其知反而弥少。内修自证，是为道日损之路，故虽足不出户，不探首窗外，亦可知天下，见天道。故《老子》云：

> 是以圣人为腹不为目，故去彼取此。（十二章）

为腹是内修自证、素朴自足的，为目则为官觉牵引而逐之于外矣。不论政治或人生，老子哲学皆旨在斩断人为的造作，与生命的外逐，故由是而言"不善者吾亦善之"的德善，与"常善救人，故无弃人"的常善。

3. 德善与常善

形上的道，是以德为其内容，才有其真实意义。问题是，主体修证而有得，虚静心所照显的就是德，然德的内容究所指为何，实有待进一步的深入探索。《老子》云：

> 圣人无常心，以百姓心为心。善者吾善之，不善者吾亦善之，德善；信者吾信之，不信者吾亦信之，德信。（四十九章）

此云德善、德信，似已涉及德之内容。而其内容，就在圣人无常心的虚静明照，由自知而知常，而朗现了百姓心的真实存在。唯有以百姓心为心，始得"以国观国，以天下观天下"，而非以一己独断，专制天下。在这一虚静心的明照中，善者吾固善之，不善者吾亦善之，吾心无所造作，亦不加干扰，故善与不善，皆呈现其自身。此吾人若依儒家之说，不善者吾亦善之，不信者吾亦信之，岂非已落于乡愿乱德之行，又谈何圣人？事实上，老子并不在善与不善之间，作一内容的简别规定，此一善与不善，与"皆知善之为善，斯不善已"（二章），或"善之与恶，相去若何"（二十章），皆同属主观认知的相对区分，圣人既无主观自是之心，而以百姓心为其心，故虽不合自身独知之善，不合自家自是之信者，吾亦从而善之、信之。也就是以百姓自身本德之善为善，以百姓自家本德之信为信，此之谓德善与德信。问题是，此之善，究何所指，不然言吾善之、吾信之，岂非落于心知，而有所善、知所信矣。此《老子》有云：

> 善行无辙迹，善言无瑕谪，善数不用筹策，善闭无关键而不可开，善结无绳约而不可解。是以圣人常善救人，故无弃人，常善救物，故无弃物，是谓袭明。故善人者，不善人之师，不善人者，善人之资。不贵其师，不爱其资，虽智大迷，是谓要妙。（二十七章）

凡此所谓之善，是自然无为之意。善行是自然无为之行，故无辙迹；善言是自然无为之言，故无瑕谪；善数是自然无为之数，故不用筹策。善闭，乃顺其自然之性而无所闭，故无处可开；善结，乃顺其自然之性而无所结，故无处可解。由是而言，圣人之常善救人、常善救物，是不立差别名号，使人不自以为不善，也就是以自然无为救人，以自然无为救物。不使人离自然之常足，而趋人为之不足。此自然无为，即出以虚静心的照明，以显百姓与万物的自身之德、自家之信，故云"无弃人""无弃物"，这也就是所谓的德善、德信了。此中之善人与不善人，仅以虚明相照，善人是以其自然无为，为不善人之师；不善人在善人的自然无为中，亦复归于自在自得的素朴。故不善人虽为善人之资，以其自然无为，故不当贵其师，亦不当爱其资。此《老子》云：

是以圣人自知不自见，自爱不自贵。（七十二章）

"自知者明"，而"不自见，故明"（二十二章），圣人"袭明"，故自知而不自见，同时虽自爱，亦不可自贵，才是常善救人，常善救物。否则，贵身若大患，虽有智亦大迷了。此吾人再证之以《老子》之言：

道者万物之奥，善人之宝，不善人之所保。（六十二章）

道以其自然无为，故深而能藏，以涵容万物，求以得，故为善人之宝，有罪以免，故为不善人之所保。吾人也可以如斯说，在自然无为、清静自正中，善人与不善人，俱在道的深奥美妙中，而自在自得。

老子《道德经》言善之篇章，除上引数条之外，尚有：

上善若水，水善利万物而不争。（八章）
古之善为士者，微妙玄通，深不可识。（十五章）
善有果而已，不敢以取强。（三十章）
善建者不拔，善抱者不脱，子孙以祭祀不辍。（五十四章）
善为士者不武，善战者不怒，善胜敌者不与，善用人者为之下。是谓不争之德，是谓用人之力，是谓配天古之极。（六十八章）
天之道，不争而善胜，不言而善应，不召而自来，繟然而善谋。（七十三章）

上述各章，所谓善利、善为士、善有果、善建、善抱、善战、善胜敌、善用人、善胜、善应、善谋等，皆落在不争、不可识、不敢以取强、不拔、不脱、不武、不怒、不与、为之下、不言、不召等自然无为的微妙玄通与不争之德言。此即吾人所以认定，老子哲学之"善"，取其"自然无为"之义的依据。

由是而言，德善就是本德之善，也就是"归根曰静，是谓复命"的常德。归根就道的作用说，复命就德的内容说，是常善救人，也就是在自然无为中，使人人不离其本足的常德。不管是德善或常善，皆透过心之致虚至极，守静至笃之主体修证的功夫，由直观明照而显露朗现。故《老子》云：

> 上士闻道，勤而行之；中士闻道，若存若亡；下士闻道，大笑之，不笑不足以为道。（四十一章）

下士走的是为学日益的经验进路，根本不悟"少则得，多则惑"（二十二章）之义，是虽闻体道之言，乃大笑之，盖彼等若不嘲笑数声，道也不足以为道了。上士走的是为道日损的超越进路，是闻体道之言，必"损之又损，以至于无为"的"勤而行之"，加以体现印证。中士则徘徊于二者之间，内省自证之时，道则若存，外求造作之时，道则若亡，故闻体道之言，由于自身把持不住，亦若存若亡而已！

综合上述，吾人闻体道之言，若不走"勤而行之"之"为道日损"的实践进路，有所体现证成的话，纵不落为大笑之的下士，亦难逃体会不深、感应不切之若存若亡的危机。

（三）境界形态的形上学

吾人探讨老子哲学的形上结构，必逼出其致虚守静之主体修证的实践进路。此一主体修证的功夫在心上做，虚静明照所朗现者为生命之德，道即以心之德为其真实内容。是则，老子的形上哲学，乃由主体的修证而开显，此已可说为境界形态的形上学。今先引《老子》一段话以为证：

> 故从事于道者：道者同于道，德者同于德，失者同于失。同于道者，道亦乐得之；同于德者，德亦乐得之；同于失者，失亦乐得之。（二十三章）

此谓从事于道者，正是"勤而行之"的主体修证之路。此一主体修证，自有其功夫深浅之不同，也有境界层次之分异。"道者同于道，德者同于德，失者同于失"，乃言其客观撑开之形上结构的道与德，实等同于吾心之主体修证所开显的道与德。而道废德失之失，一如虽闻道亦若存若亡的中士，正是吾心之主体修证犹未及"损之又损，以至于无为"（四十八章），而显不出一冲虚境界之失。"同于道者，道亦乐得之；同于德者，德亦乐得之"，意在表露所谓客观性实体之道德，是以乐得主体修证之道德，为其真实之内容，若主体修证开不出其虚明妙通的作用，则"同于失者，失亦乐得之"，在主体心境的窒塞下，道德的客观性、实体性，亦缺乏印证而无由开出[①]。是则，老子之形上学，乃透过主体修证有得，再客观撑开的间架与摆出的姿态。故非实有形态的形上学，而是境界形态的形上学[②]。此所谓之境界形态，一如水涨而船高，心之虚明不断向上升越，其所开显的境界亦随之日渐扩大。

吾人试就《道德经》中，论及客观实体与主体修证的篇章，作一对照分析：

道常无为而无不为。（三十七章）

[①] 牟宗三先生《才性与玄理》第141页云："以自己主体之虚明而虚明一切。一虚明，一切虚明。……我窒塞，则一切窒塞。"
[②] 《才性与玄理》第162页云："无客观的存有形态之体，而却有主观的境界形态之体。"

> 为学日益，为道日损，损之又损，以至于无为，无为而无不为。（四十八章）

前者客观地说，道常之有，就在由无为开无不为的作用上，道不有自己，无心而为，始能遍在一切，生成万物。后者通过主体"损之又损，以至于无为"的修证功夫，即可由"无为"之体，开出"无不为"之用。足见其形上结构，非仅是概念思辨、理性推求而得，实由主体修证为其基础。此牟宗三先生言之曰：

> 老子亦有"天下万物生于有，有生于无"，"无，名天地之始；有，名万物之母"等义。此则道、无，亦显有一客观实体之意义。……道、无之此种客观姿态实依主体圣证上"无为而无不为"而成立，即依"无为而无不为"而有客观实体之意义。……则是"无"之"客观实体"的意义（宇宙论上），实类比主观圣证上"无为而无不为"而得其真实的意义。即，此客观姿态亦依主体圣证而得印证。然主观圣证上之"无"是一种虚寂浑化之心境，是一种虚灵的妙用，而非是一"物"。①

此一主体修证的进路，实不同于儒家。儒家之仁，是一道德创造的实体，其德性心正面挺出来，或存养扩充，或成己成物，可担当主体生命，亦可开发客观的文化理想；而老子之心，

---

① 《才性与玄理》第270—271页。

乃一退后一步，放开一切，无所贞定，亦不能担当的虚明，它不能创发什么，仅以其虚明，而朗现一切。《老子》又云：

> 道生之，德畜之，长之育之，亭之毒之，养之覆之，生而不有，为而不恃，长而不宰，是谓玄德。（五十一章）
>
> 载营魄抱一，能无离乎？专气致柔，能婴儿乎？涤除玄览，能无疵乎？爱民治国，能无知乎？天门开阖，能为雌乎？明白四达，能无知乎？生之，畜之，生而不有，为而不恃，长而不宰，是谓玄德。（十章）

此上一句言道之生成长养万物的作用，道的生长万物，是以冲虚之不有、不为、不宰的方式，令万物自生自长，这就是道的玄德。下一句言主体之抱一致柔，玄鉴无知的修养功夫，以及政治上守雌无为的清静自正，圣人之生养万民，亦是以无知无为，不加宰成的方式，让百姓各遂其生，各得其养。由是言之，这样的生养万物，是消极的生，是不加决定，令其自生的生，这样的生养万物，是"功成事遂，百姓皆谓我自然"的生，也就是百姓自化自正的生。凡此之生，是"不塞其原""不禁其性"①，畅通一切生命之源，当下即显一自在自得。此吾人亦有一相应的体会，老子重母德坤道，故三宝之首是为

---

① 《老子》十章王弼注云："不塞其原，则物自生，何功之有；不禁其性，则物自济，何为之恃；物自长足，不吾宰成，有德无主，非玄而何。"王弼本第6页，台湾中华书局，1969年7月2版。

慈。人间慈母的爱，是最无条件的，不以自己的爱来拘牵子女，而以放开顺任的方式来成就子女。此老子虽就客观实体说道的玄德，同时亦就主体修证开微妙玄通深不可识的玄德。足见其形上架构并非空理玄谈，而是主体修证而体现开显的。《老子》又云：

> 道冲而用之，或不盈，渊兮似万物之宗。挫其锐，解其纷，和其光，同其尘。湛兮似或存，吾不知谁之子，象帝之先。（四章）
> 知者不言，言者不知。塞其兑，闭其门。挫其锐，解其纷，和其光，同其尘，是谓玄同。（五十六章）

老子《道德经》，偶有前后重复的经文出现，某些考据家不知此中自有深意，即随己见而轻加删除。上述二章之"挫其锐，解其纷，和其光，同其尘"一段经文，虽完全重复出现，然前者指天道之以虚为用，后者则指圣人玄同于道的主体修养。就形上结构言，是先道而后德，朴散而为器；就功夫进路言，是透过心之虚静而显一冲虚之境界，由主体印证而有其真实的内容意义。

唯此一形上结构与主体修证的分立并言，并非是究竟的，而仅是方便的。《老子》云：

> 天之道，利而不害；圣人之道，为而不争。（八十一章）

> 既得其母，以知其子；既知其子，复守其母。（五十二章）

此乃圣人之道对天之道的存在呼应，是天之道就是圣人之道，而圣人之道也就是天之道了。老子一者以道的作用之大，来肯定万物之所以存在，以言天地之大与人之亦大，这是由上往下直贯的存有接续；同时又以心的致虚守静，微妙玄通，以显道的玄德妙用，此以人德之大，给予道之大以真实内容，是由下往上升越的主体修证。再圆成地说，《老子》云：

> 天道无亲，常与善人。（七十九章）

正面言之，天道无心，无所偏爱，就是所谓的天地不仁，天道无亲；唯天道总是临现在自然无为的身上，以助引清静自正的生命。实则，翻转言之，是在其人生命的虚静素朴中，天道始由是而照显朗现。

第二节 由专气致柔到见素抱朴

上节由致虚守静的为道日损，破心知的定执，而道的常无常有之玄妙，亦在主体生命的微妙玄通之德，整个豁显了出来；此节则由专气致柔的不欲以静，以避开物壮则老的不道早已，而道的归根之静，复命之常，亦可在主体生命的见素抱朴之境，得到了充分的印证。

（一）知足不辱，知止不殆

1. 知足之足常足

老子由损之又损的实践进路，开出心的虚静，由是而有自知之明与知常之明。此一虚静明照之所知，就在知人的内在本足，知人的常德乃足。此《老子》言之曰：

吾言甚易知，甚易行，天下莫能知，莫能行。（七十章）
不言之教，无为之益，天下希及之。（四十三章）
弱之胜强，柔之胜刚，天下莫不知，莫能行。（七十八章）

诸如绝学无忧、希言自然、守柔曰强之教益，本是甚易知甚易行，天下却莫能知、莫能行，甚至人人执着日深，沉迷日久，就是莫不知，亦莫能行。此言甚易知，甚易行，是就放开一切，损之又损，当下已得一大解脱、大自在之实践体证而言。在此一反省回顾之下，深觉人的存在求其免于困顿，生命得其安足，并不必往外追逐，与人碰撞，否则，历经苦痛与挫折，亦难有所得。反之，绝学、希言、守柔之无为，自有无忧、自然、真强的无不为之妙。故莫能知、莫能行，乃指争逐权位，奔竞财货，生命散落于外的人而言，虽听闻体道之言，亦以为有如《天方夜谭》的神话，不仅体验不深，感受不切，反以为人的困顿不安,是因为争竞不力,投入不深之故。如是,愈困顿愈外逐,愈不安愈欲得,生命遂告散落不存。另有第三种情况,对生命外逐的茫昧,人为造作的困惑,已有其或多或少的体悟,然意志不坚,超拔不易,故听闻体道之言,亦若存若亡,以其未能落在主体修证的功夫,去归根复命,故谓莫不知,却莫能行。故《老子》云:

祸莫大于不知足,咎莫大于欲得。故知足之足,常足矣。(四十六章)

人生最大的灾难,莫过于不知内在本足,人生最大的罪过,莫过于往外求得。前者是生命的虚欠,后者是生命的外逐,由虚欠而造作,再由造作而外逐,遂一去而不返。是仅有自知内在本就自足,自我才不会流落于外;生命不向外依附或攀缘,才会有其恒定常足。《老子》又曰:

常德乃足,复归于朴。(二十八章)

人从欲得求取的狂潮中,超拔出来,才有以自知内在本有之常德,即能自足,而复归于生命自在的素朴中。此一常德,就是常善与德善。善者吾善之,不善者吾亦善之,就是不立分别相,斩断人外求附丽之路,而逼显其自足之常德来。常善救人,常善救物,就是不造作名号,令人回归其自在之素朴中,此常善常德，一者内在本有，无须外求，二者其自身又能自安自足，故有其"无弃人""无弃物"的普遍性与必然性。就由于常德内在自足，无待外求，才能让人们从往外求取的俗流中，跳了开来，这才是生命真正的富有。故《老子》曰：

> 知足不辱。（四十四章）
> 知足者富。（三十三章）

此知足之足，仍是常德乃足的足，而不能以外逐求得之多寡厚薄，来决定其当足或不当足。因为，一有向外求取之心，不论其欲得如何丰厚富丽，必落在自身常不足的困境。只有不有待于外，才能逃开宠为下、得之若惊、失之若惊之辱。又云：

> 不可得而亲，不可得而疏，不可得而利，不可得而害，不可得而贵，不可得而贱，故为天下贵。（五十六章）

人之常德，既内在本足，外在人情的亲疏、财货的利害、名位的富贵，皆不可能增减其分毫，而动摇其存在，故为天下人所尊贵。人有此一反省自觉，始能自生命的流落外逐中，超拔出来。

2. 知止可以不殆

人活于此世，投身在外象流转中，感官日与物接，吾心执取此一变动不居之物象，即为抽象定着之心知概念，并转成价值规范的名号定准。本能欲求受其激发导引,必有走离其自然顺遂之素朴自在的可能。故知足常足,求以不辱,必自知止不殆始。此张师起钧云:

> 人世间失掉了浑沌而始有"知",因"知"而有"情",由"情"而生"意",由"意"见诸"行"。①

由善恶之知,而有好恶之情,再由好恶之情,而有趋避之意,顺是由下,即有欲得外逐之行。故知止,首在知名号之限制。此《老子》云:

> 道常无为而无不为,侯王若能守之,万物将自化。化而欲作,吾将镇之以无名之朴。(三十七章)

此言侯王若能守着道之"无为而无不为"的无限妙用,则百姓万物的生命,将与自然的脉搏,同其节拍而跳动自化。所谓的化而欲作,是在这一自然之化的历程中,其与生俱来的官能欲求,在物象牵引中必日渐地外露突起,然欲求之为大患,总在心知之起执规划,成其为"可欲"之后。此名号纷立,差别杂陈,人置身其间,必形成"欲得"的情识缠结。《老子》曰:

---

① 《老子哲学》第14页,台湾文物供应社,1953年11月初版。

五色令人目盲，五音令人耳聋，五味令人口爽，驰骋畋猎，令人心发狂，难得之货，令人行妨。（十二章）

色香味声的感受品味，本是人耳目官觉的自然本能，然在心知的随缘起执，自立名相的造作中，遂成五色五音五味之复杂多端的巧智名目，人的生命由是而走离素朴，必投入驰骋畋猎，以求难得之货的外逐奔竞行列，由是生理官能固由刺激而麻木，目盲耳聋口爽之余，而心亦发狂，行且有妨矣。其对治之方有二：

塞其兑，闭其门，终身不勤。（五十二章）
始制有名，名亦既有，夫亦将知止，知止可以不殆。（三十二章）

此言吾人当关闭五官接物之门，一者生理官能不会在物象的牵引中，化而欲作地成为欲求的奴隶，亦不会始制有名地自起造作，困在心知的限定中。如是，虽化而欲作，自不会走离其所，生命外逐，终其身而不困扰劳累。且虽在名亦既有之世，吾人当自知此抽象概念，与具体实在之间是有其距离的，名用以指实，然不可执名以为实。故圣人将以无名之朴救之，或知止其所当止，自不会滞落物中，而有离本失真之危殆。以化而欲作，尚属素朴自然，而始制有名，已成人为造作矣。《老子》云：

道可道，非常道；名可名，非常名。（一章）

上德不德，是以有德；下德不失德，是以无德。（三十八章）

人为造作之大端，就在道之为可道，德之为下德。可道之"道"，是一抽象定名，而常道之"道"，则是有其真实内容的无限妙用。此二者是有其思想与实在之间难以跨越的距离。故字之曰道，乃一时方便。不失德的德，仅是执持德的名号而不失，而未在德的主体修证上用功夫，故体现不出德的实质内容。在此一反省下，透过概念思辨以规定道的内容，则道为可道，经由主观认知以建立德的规准，则德为下德，此皆有心有为，自陷在名号之限定中了。依老子自己所下的界定：

上德无为而无以为，下德为之而有以为。（三十八章）

上德下德之分，就在前者无心无为，后者则有心有为。心本虚静，既言有心，即又落在主观的相对认知，并转为客观的价值定位了。此其结果，必致"上礼为之而莫之应，则攘臂而扔之"（三十八章），虽振臂高呼，亦引不起天下人民之存在的呼应。此《老子》言之曰：

大道废，有仁义；智慧出，有大伪。（十八章）

吾人若将大道的无限性,定在人为造作的仁义规条上,则大道的丰厚内涵已固着在仁义的确定概念上,反见大道的萎缩不存;而此一名号分立的人为造作,出乎人的有心有为,不免奔进争竞,甚或有为盗心乱之患。《老子》由是而转言曰:

> 绝圣弃智,民利百倍;绝仁弃义,民复孝慈;绝巧弃利,盗贼无有。此三者以为文不足,故令有所属,见素抱朴,少私寡欲。(十九章)

圣智出乎主观有心,仁义为造作有为,巧利则不免落于机心权诈矣。以此三者开人文,求以富丽生命,必转成其出弥远、其知弥少,是愈往外求、愈显不足的。故绝之弃之,令人人的生命由造作外逐中回头,而归属于无心无为、无知无欲所豁显之无名之朴的自在自得中。此之谓知足不辱的绝学无忧,此之谓知止不殆的希言自然。

3.不欲之静

知内在之自足,则心知不造作,知名号之限定,则生命不外逐,虽"化而欲作",亦不失其绝学无忧的素朴;虽"始制有名",亦可有希言自然的自在。而知足所以不辱,知止所以不殆,其可能的理论根据,就在不造作不外逐,当下已归于无名之朴的不欲之静中。此《老子》云:

> 知足不辱,知止不殆,可以长久。(四十四章)

无名之朴,夫亦将无欲,不欲以静,天下将自定。(三十七章)

归根曰静,是谓复命。复命曰常。(十六章)

绳绳不可名,复归于无物。(十四章)

知和曰常。(五十五章)

知止者,是不尚亦不贵,故不见可欲,民心自不乱;知足者,不欲得外求,必复归于玄玄不可名的无物之静。人由不见可欲而不求欲得,即归于生命本根之静。所谓的无欲,即无掉可欲之"可"与欲得之"得","可"就心知说,"得"就意志说,是虚其心、弱其志,"欲"自归于本然的顺遂,故谓实其腹、强其骨。是归根之静,即复命之常,而此常就在其和。《老子》云:

不失其所者久。(三十三章)

知止知足,而归根复命,正是不失其道根德本之所,故可以与道用之常同其长久。唯《老子》云:

大曰逝,逝曰远,远曰反。(二十五章)

道之大,并非一死的定体,而是一往前行,无远弗届的,而这一往前行与无远弗届,均在道之回归其自身的作用中。是道之绵绵若存、用之不勤的作用，就在天地交感和合的静中动。此一和谐均衡，状似无物而一片平静，正是其长久存在的理由。宇宙间一切美妙的生命，就在这一和谐均衡的平静无物中，生发显现。问题是，一般的生命存在，身在此一无为之静、无不为之和中，却突萌逃离不欲之静、期求创建有为的念头，反一如飘风骤雨，在道法自然、复归于无物的作用下，不终朝不终日的散落不见。故老子哲学，以虚为体，以弱为用，在相对区分的万象间，常肯定负面，甚至以为正面的根本，云：

> 重为轻根，静为躁君。（二十六章）
> 侯王得一以为天下贞。……侯王无以贵高将恐蹶。故贵以贱为本，高以下为基。（三十九章）
> 牝常以静胜牡，以静为下。（六十一章）
> 静胜躁，寒胜热[①]，清静为天下正。（四十五章）
> 曲则全，枉则直，洼则盈，敝则新，少则得，多则惑。是以圣人抱一为天下式。（二十二章）

上述各章，负面之为正面的根本，其成立的理由在：一者道之用在虚在和，由和说静，由虚言弱，此静与弱的本身

[①] 蒋锡昌云："此文疑作'静胜躁，寒胜热'。二十六章'静为躁君'，静躁对言，其证一也。"引自严灵峰先生《老子达解》第193页。严先生并引《淮南子·诠言训》："后之制先，'静之胜躁'，数也。"以为证。

所呈现的存在样态是有如无物的平静,有如虚弱的柔和。侯王得"一"以为天下贞,圣人抱"一"为天下式,此"一"就是道的作用;而此"一"之虚弱无物柔和清静,虽状似贱下、曲枉,却足以为天下之贞、天下之正、天下之式的贵高成全。二者道之常既在其和,然对人的存在而言,生命若不积极开发奋力创建,总会有寂寞无人见的感怀。故求以逃离和谐无物的,必属阳刚有心者,而阴柔无物者,无为自然,不凸显自身,以其负面阴柔,正可以拉引正面阳刚,而得其整体之和,故谓牝以静胜牡,静以下胜躁。此之所谓胜,并非对抗克制之意,而是得其均衡,归于平静。此亦即"负阴而抱阳,冲气以为和"。此一均衡和谐之功,《老子》言之曰:

　　大成若缺,其用不弊;大盈若冲,其用不穷。大直若屈,大巧若拙,大辩若讷。(四十五章)

　　明道若昧,进道若退,夷道若纇,上德若谷,大白若辱,广德若不足,健德若偷,质德若渝①,大方无隅,大器晚成,大音希声,大象无形。(四十一章)

　　是以圣人方而不割,廉而不刿,直而不肆,光而不耀。(五十八章)

---

① 俞樾云:"建,当读为健。……'健德若偷',言刚健之德,反若偷惰也。"刘师培云:"疑真亦当作德,盖德字正文作悳,与真相似也。'质德'与'广德'、'建德'一律。……三德乃并文也。"高亨曰:"刘说是也,……质,实也。渝,借为窬,《说文》:'窬,空中也。'……质德若渝,犹言实德若虚耳。"三条并引自王淮先生《老子探义》第169—170页。

此言以其负面的若缺、若冲、若屈、若拙、若讷、若昧、若退、若谷、若辱、若不足、若偷、若渝,以成其正反之和,其用不弊不穷的大成、大盈、大直、大巧、大辩、明道、进道、上德、大白、广德、健德、质德。老子以大为道的强为之名,上述言大、言道、言德,皆落在自然无为而言。故又由无隅、晚成、希声、无形以言道之大方、大器、大音、大象,由不割、不刿、不肆、不耀,以言圣人之方、廉、直、光。是老子肯定负面,以为是正面的根本,其意在负面可以拉引正面,以得其整体之和。此之谓不欲以静。

(二)专气致柔,守柔曰强

1.专气致柔

物之强行有志,胜人有力,未有其负阴抱阳之和,而悖离天道无物之静。这一阳刚的单线冒起突出,必造成物之由自求壮大而生命力透支耗散之局。阴阳遽失其和,以其不道,故早归衰亡。此《老子》云:

勇于敢则杀,勇于不敢则活。(七十三章)
持而盈之,不如其已,揣而梲之,不可长保。(九章)

勇于敢,就是强行有志,胜人有力,以其强梁物壮,故为死之徒;勇于不敢,就是无知无欲,专气致柔,以其柔弱自守,故为生之徒。另持有财货,而求其盈余满溢,捶打物器,而令其尖削锐利,必无可长保,故不如知止知足,始能没身不殆。此《老子》又云：

> 专气致柔，能婴儿乎？（十章）
> 治人事天莫若啬。夫唯啬，是谓早服。早服谓之重积德。（五十九章）

专气就是啬，啬即生命内敛不外露，凝聚不耗散之意，此其可能，首有消解心知的助长与可欲的干扰，故无知无欲，生命自归于本然顺遂的专一柔和。是早服，也就是致柔，早服是早归根于天地之和，致柔是复命于阴阳之和。致柔就是得其和，一如婴儿的重积其德。《老子》云：

> 圣人抱一为天下式。（二十二章）
> 载营魄抱一，能无离乎？（十章）

此圣人所抱之一，就是道的作用，道的天地之和，圣人守着此道常之和，天下将自定自化。而一般人之抱一，是德的本质，德的阴阳之和，人不离此本德之和，生命才能自在自得。故曰：

> 民莫之令而自均。（三十二章）
> 辅万物之自然而不敢为。（六十四章）

圣人不加干扰，天下人民自归于天地之和的均平上，圣人不敢有为，即可辅成万物成其自然的阴阳之和。专气则不物壮，致柔则非不道，自不会掉落物壮则老、不道早已之局。唯知止知足，才可专气，唯不欲以静，始能致柔，此亦虚心弱志，以食腹强骨之意。

2. 守柔曰强

老子言专气致柔，又言守柔曰强。云：

见小曰明，守柔曰强，用其光，复归其明。无遗身殃，是为习常。（五十二章）
弱之胜强，柔之胜刚。（七十八章）
柔弱胜刚强。（三十六章）

弱就虚说，柔就和说，以其虚弱，所以柔和。刚是胜人者有力，强是强行者有志，是刚强是指有心有为、有知有欲者，不安于不欲之静，而有强梁物壮之行，故无以逃离不得其死，与不道早已的悲剧。柔弱之所以胜刚强，一是柔弱本身就是归根之静与复命之常的和，二是柔弱可以拉引刚强，而成其天地阴阳之和。此《老子》云：

重积德，则无不克；无不克，则莫知其极；莫知其极，可以有国；有国之母，可以长久。是谓深根固柢，长生久视之道。（五十九章）

重积德就是守柔，生命不外逐散落，无不克就是胜刚强，生命内敛凝聚。守柔曰强，重积德则无不克，当下已在道常之和的无限妙用中，"天乃道，道乃久"（十六章），故曰莫知其极，故曰可以长久。《老子》又云：

自胜者强。（三十三章）

既云守柔曰强，又言自胜者强，是守柔首在自胜，盖吾人存在最大的困扰，就在欲得与不知足，所谓自胜，就是能知止知足，不造作不外逐，也就是重积德则无不克，守柔曰强了。故此所谓的强，与柔弱胜刚强的强有异。非飘风骤雨的强，非物壮则老的强，而是虚弱柔和的强，与道同其长久的强。更进一步言之，守柔之能强，《老子》言之曰：

知其雄，守其雌，为天下溪。……知其白，守其辱，为天下谷[1]。（二十八章）

严几道评点云：

守雌者，必知其雄，守辱者，必知其白。否则，雌矣、辱矣，天下之至贱者也，奚足贵乎！今之用《老》者，只知

---

[1] 据高亨《老子正诂》第65页之考定改。

有后一句，不知其命脉在前一句也。①

此以雌以辱为至贱，而不知老子守雌守辱之义。严几道立身在自强运动之世，其评点《老子》多有不相应之处。事实上，守雌守辱，就在拉引雄与白，而得其一体之和，老子即由和说强。若仅言知其雄、知其白，则无异强行有志之不道早已，何可谓强？故由守雌以知雄，由守辱以知白，就是进道若退、大白若辱，也才能守柔曰强、自胜者强。故《老子》云：

以道佐人主者，不以兵强天下。（三十章）
吾不敢为主而为客，不敢进寸而退尺。（六十九章）

此亦不强行有志，不胜人有力，而处下守柔，以成其和谐真强之意。

3.所谓柔道

今世有所谓柔道之竞技活动，在东瀛发皇，而流行全球各地。顾名思义，柔道就是以柔把握道。故此一体能功夫，其哲理基础，实源自吾国道家哲学守柔曰强之义。守柔就是不强行、不物壮，而虚弱自守，以得其和。故柔道之原理，可以说深得"反者道之动，弱者道之用"的精髓。

---

① 《老子道德经评点》第16页，成都书局壬申校刊。曾克崇藏版，黎玉玺影印。"守黑者""必知其荣"二语，笔者据前条考定加以删节。

在双方对抗中，我不正面挺身出来，亦不自显其动向，不主动攻击，亦不死守己地，仅因应对方之进击与攻势，彼进我退，彼左我右，将对方汹涌而至的压力化解于无形，而维系存在于两人之间的情势力场之和，此之谓与物反矣，复归于无物。此一者不暴露自身之物壮则老、不道早已的弱点，永远守柔得和，而不强力对抗，由是而自立于不倒不败之地；二者在这一倾向防守性之守柔求和的演练中，吾人亦可在对方招式用老、自失平衡之时，应机而动，假借其力，使其自行倒地不起，而告落败。此《老子》言曰：

善为士者不武，善战者不怒，善胜敌者不与，善用人者为之下。是谓不争之德，是谓用人之力，是谓配天古之极。（六十八章）
是谓行无行，攘无臂，扔无敌，执无兵。（六十九章）

此不武、不怒、不与、为之下，就是守柔，就是归于自然无为之善，此一不争之德，却有善用人之力的神效，故谓配天古之极，深得妙道之用。而所行无行，所攘无臂，所扔无敌，所执无兵，更是虚弱自守、顺道而行之最好的写照。也就是，我是自然无为、守柔求和，而对方则物壮则老、不道早已。这就是守柔曰强的柔道。此一原理落于用世，则曰：

是以欲上民，必以言下之；欲先民，必以身后之。是以

圣人处上而民不重，处前而民不害，是以天下乐推而不厌。（六十六章）

势处民上，而必言下之，位居民先，而必身后之。如是始能维系政治场上的平衡和谐，故处上而民不重，居先而民不害，天下始乐推而不厌。反之，势位处上居先，又不知言下身后，特权独享，则失其上下之均衡，必由畏之而侮之矣。

（三）赤子婴儿的理想人格

由专气致柔，到见素抱朴，此一精神修养的理想人格，老子就以赤子婴儿的生命情态，为其具体而微的表征。《老子》云：

常德不离，复归于婴儿。（二十八章）

含德之厚，比于赤子。蜂虿虺蛇不螫，猛兽不据，攫鸟不搏。骨弱筋柔而握固，未知牝牡之合而全作，精之至也；终日号而不嗄，和之至也。（五十五章）

常德不离，就是含德之厚。前者是复命之常，后者是归根之静。此常此静就是和，是牝牡合一的和。赤子婴儿不知男不知女，犹未走离析判而出，故其生命能全幅的展露，此之谓精之至也。且即使终日号哭，其声亦不哑，以其不离常德，一颦一笑俱在阴阳之和中，其心亦自不伤，此之谓和之至也。故赤子婴儿的生命气象，是未知牝牡的精之至，是阴阳柔和的和之

至。虽骨弱筋柔,而其握甚固。他的生命,是一自然,一无物,故蜂虿虺蛇不螫,猛兽不据,攫鸟不搏。此《老子》云:

> 盖闻善摄生者,陆行不遇兕虎,入军不被甲兵,兕无所投其角,虎无所措其爪,兵无所容其刃。夫何故?以其无死地。(五十章)

善摄生者,就是自然无为根本不养生者。人在素朴无为中,陆行自不遇兕虎,入军亦不被甲兵,就是途遇兕虎,亦无所投其角措其爪,就是短兵相接,亦无所容其刃,只因为他没有自己,不有所求,根本就没有受伤害的余地。故《老子》曰:

> 夫唯无以生为者,是贤于贵生。(七十五章)
> 益生曰祥。(五十五章)

无以生为的自然无为,即善摄生的无死地,比诸贵生益生者,实为高明。若一求贵求益,必落于有执有为,反为灾殃不祥。故《老子》曰:

> 圣人在天下,歙歙为天下浑其心,圣人皆孩之。(四十九章)
> 我独泊兮其未兆,如婴儿之未孩。(二十章)

孩，傅奕、范应元本作咳，焦竑云："咳，小儿笑也。"[1]
浑化其心，故能淡泊自处，而不欲以静，此或如婴儿未出欢声笑语的精之至，或使天下人民皆如婴儿之欢笑自在的和之至，皆显现其复归于婴儿的常德之厚。此一理想人格的赤子婴儿，并非是事实义，而是取其价值义的。

综括全章，老子以为人的生命有限与其存在困顿，乃由人的有心有为、有知有欲而来，故透过主体的修养功夫，以打开即有限而可无限的实践进路。一是由吾心之致虚守静，以开出生命的微妙玄通；一是由吾生的专气致柔，以回归生命的素朴本真。此一主体修养的实践进路，是老子哲学的命脉所在。老子语道德，非为架空之玄理，而有其实质意义，即由此路而开显。

---

[1] 引自王淮先生《老子探义》第84页。

# 第五章

生命精神与政治智慧

吾人翻阅《论》《孟》，与研读《老子》，每有极为不同的感受。《论》《孟》是记载师生言行的对话录，《老子》则为格言式的自我独白。前者孔、孟的生命人格，在字里行间，正面挺了出来；后者老子自家的存在形相，则隐藏在经典文字之后，但见理性之光，而独乏生命之热。唯吾人以为，对形上道体深有体悟，对政治人生备具洞见的一代大哲，必有其悲天悯人的宇宙情怀，与超脱解放的生命精神，为其发动超拔的内在根力。本章即试图将其潜藏不露而为其内在支柱的生命精神，与其理性之光所照显而出的政治智慧，加以揭露出来，以见"淡然独与神明居"的老子，其生命并不流于理念的干枯；且有"以濡弱谦下为表，以空虚不毁万物为实"的妙道高明，传留千古。

第一节　生命精神

（一）我有三宝，一曰慈——慈故能勇

《道德经》五千言，虽不乏以第一人称的语态而出现的词句，然皆属一时方便的自我表白，仍是一没有血肉的空架子。如：

> 万物并作,吾以观复。(十六章)
>
> 吾所以有大患者,为吾有身;及吾无身,吾有何患?(十三章)
>
> 百姓皆谓我自然。(十七章)
>
> 若使民常畏死,而为奇者,吾得执而杀之,孰敢?(七十四章)

前两句,是以第一人称表显其体道的功夫,后两句,则假托百姓与为政者之身份而言:二者均未涉及其生命自我的真实内容。对其自家生命有所表白,并透显其内在精神的,有如下二语:

> 而我独顽似鄙,我独异于人,而贵食母。(二十章)
>
> 我有三宝,持而保之。一曰慈,二曰俭,三曰不敢为天下先。(六十七章)

老子哲学,面对人之存在的困顿,仅求放开松散,当下得一大解脱大自在,而在生命价值上实贞定不住,仅能显现理性照明之光,而无性情承担之热。然此一求以消散人之存在困顿而感同身受的心,正是其生命有光亦有热的大担当。故一者曰我独顽似鄙,而贵食母,二者曰我有三宝,一曰慈。其异于人者,就在其昏昏闷闷,仅归根复命于道生德畜的母体长养之所,而非若俗人之昭昭察察,以求尚贵可欲而胜人强行者。此愚人之心而贵食母，似无光亦无热。然其自谓生命中的三宝，首要就在其母德之慈，这正是老子清静无为，却站出来发为五千言之哲理玄思的内在动力，是谓"慈故能勇"（六十七章）。反观儒家，虽亦言"仁者必有勇"，然其行仁之本，首重孝道。慈为母体天生的自然之爱，孝则为子女自觉的反哺之情。唯其天生自然，故云天地不仁，圣人不仁，唯其自觉反哺，故天地有心，圣人践仁。《老子》云：

> 人之生，动之死地，亦十有三。（五十章）
> 民之从事，常于几成而败之。（六十四章）
> 人之不善，何弃之有？（六十二章）

此言老子对天下人民，为了求生，反而掉落死地，而所从事者，亦常功败于垂成之际，深致其叹惋之意，并由是而兴发其"人之不善，何弃之有"的慈心悲愿，思有以拯济之道。云：

> 道者万物之奥，善人之宝，不善人之所保。（六十二章）
> 天将救之，以慈卫之。（六十七章）

道没有自己，万物就在道的无为虚静之地，找到了自己，老子即由此义说道为包容万物的奥藏之所[1]。天将救斯民，必

---

[1] 河上公注云："奥，藏也。道为万物之藏，无所不容也。"《音注老子道德经·下经》第12页。[编按：作者所引《音注老子道德经》出版时间、出版者不详。]

以其慈卫护他，因为母德之慈，是最无条件而又深根固柢，遍在一切而又兼容并蓄的。由慈晖普照，始能开出一为善人之所宝，又为不善人之所保的冲虚妙有之所。善人得其德贵之宝，不善人得其免罪不害之保。又云：

> 慈以战则胜，以守则固。（六十七章）
> 祸莫大于轻敌，轻敌几丧吾宝。故抗兵相加，哀者胜矣。（六十九章）

母德之慈，固为涵容万物的妙藏之所，且有以战则胜，以守则固的大用，然此亦"善有果而已，不敢以取强"，否则一轻敌，必自丧其三宝中的首要之慈。故尽管两军对垒，兵力相当，出乎慈心的哀兵，终将以其内在之慈，发为卫护之勇，而克敌致胜。唯此所谓胜，乃守柔致和之谓。真正的强者，不是胜人有力，打遍天下无敌手；也不是挞伐其身家，践踏其人格，而是令天下之不善人，幡然悔悟而成为善人。这才是"何弃之有"的"慈"，才是"无为而无不为"的"俭"。故云：

> 孰能有余以奉天下？唯有道者。（七十七章）

有余以奉天下之有道者，即是以慈卫之。而此一救之卫之的发用之方，就在其俭。《老子》云：

俭故能广。（六十七章）

俭乃俭约之意，亦即"治人事天莫若啬"的啬。啬是心神内敛涵藏，生命不外逐不耗散，亦"知足不辱，知止不殆，可以长久"之意。唯俭约除了"啬"之一义外，尚有"旨约而易操，事少而功多"，其用能大且广之义。前者是"以深为根"，后者则是"以约为纪"①。《老子》云：

夫唯道，善贷且成。（四十一章）
大成若缺，其用不弊；大盈若冲，其用不穷。（四十五章）

道之所以是大，是"以其终不自为大，故能成其大"（三十四章），天地之所以能长久，在"以其不自生，故能长生"（七章）。道以其自然无为，将自身之无限性，内在于万物，并在万物之长育成熟中完成其自身。此即"生而不有，为而不恃，长而不宰"，乃无心之生、无为之为、不主之主，顺任万物，令其自生自长而各得其所，此之谓"大巧若拙""大器晚成"，此之谓"善贷且成"。故此大成大盈的道之体，就道相说，是若缺若冲的虚弱不足，而就道用说，则是不弊不穷的可以长久，此其故何也？曰：

---

① "旨约而易操，事少而功多"引自司马谈《论六家要旨》；"以深为根，以约为纪"引自《庄子·天下》。

执古之道，以御今之有，能知古始，是谓道纪。（十四章）

执大象，天下往；往而不害，安平太。（三十五章）

执古始之道纪，可以统御当今之万有，此即"俭"而用广。依"大象无形"而言，此所执之大象，当指深远不可名之道之作用，一者以其无为自然，故为天下所归往，二者以其素朴自在，故天下归往而不有害。由是堪为善人乐得其德之所宝，又为不善人求以免罪之所保。《老子》云：

圣人不积，既以为人己愈有，既以与人己愈多。（八十一章）

万物归焉而不为主，可名为大。（三十四章）

此言尽以施人而己愈有，尽人予人而己愈多，即人皆归往而推尊之意。而其所施人予人者，就在其不积不有、不为主不自生上。故又云：

不敢为天下先，故能成器长。（六十七章）

朴散则为器，圣人用之，则为官长。（二十八章）

此谓圣人在天下人民，朴散为器，化而欲作之时，不敢尚贵有为，而仅镇之以无名之朴，始可为百官之长。且君上不见可欲，不始制有名，让百姓知足知止，自得自在，此等之不敢为天下先者，才能为众器之长。《老子》云：

> 人之所恶，唯孤寡不谷，而王公以为称。（四十二章）
> 是以圣人被褐怀玉。（七十章）
> 受国之垢，是谓社稷主。（七十八章）
> 侯王无以贵高将恐蹶。故贵以贱为本，高以下为基。（三十九章）
> 上德若谷，大白若辱。（四十一章）

此云王公侯王，要能受国之垢，以孤寡自居，虚怀若谷而成其上德，处下若辱而有其大白，始能被褐怀玉，而为天下之贞。

吾人由老子之自我表白，知其生命精神的内在根源，在母德之慈；其发用于外的道纪法则，在无为之俭；其表现而出的生命情态，在守柔之弱。母德之慈，是无心而遍在；无为之俭，是无为而无不为；守柔之弱，是不争而常和。此分别说为三，统言之实一，以其无心无为，守柔不争，根本是体用的不可分，故既是慈，亦是俭，又是不敢为天下先。由慈而能勇，由俭而能广，由不敢为天下先而能为众人之长。如是，为善人之所宝，又为不善人之所保，此之谓可涵藏万物的三宝。

（二）非其神不伤人，圣人亦不伤人——德归玄同

老子《道德经》，间有急促语。如云圣人不仁，似乎老子

否定了人间的爱；然老子又云一曰慈。足见老子以仁者有心，不免发心有为，故通过不仁遮拨之，以言圣人之无心。既无心不造作，即无事不干扰，由是转言圣人之以道莅天下，圣人之不伤人。《老子》云：

> 以道莅天下，其鬼不神；非其鬼不神，其神不伤人；非其神不伤人，圣人亦不伤人。（六十章）

所谓以道莅天下，即治天下常以无事，清静无为之谓。《老子》云：

> 绝圣弃智，民利百倍；绝仁弃义，民复孝慈。（十九章）
> 大道废，有仁义；智慧出，有大伪。（十八章）
> 以智治国，国之贼；不以智治国，国之福。（六十五章）
> 鱼不可脱于渊，国之利器，不可以示人。（三十六章）

圣智是圣人的有心，仁义是圣人的有为，此一人为造作的误导，遂诱使天下人民，走离大道的自然素朴，生命流落于外而无所归属。是一有仁义规条，则大道已废而不存，一有智慧造作，则大伪已起而争逐日生，故绝圣弃智，天下人民反得素朴自在，绝仁弃义，天下人民亦可复其自然本有之孝慈。故不以智治国，不以利器示人，不有心不有为，人人自不会流离失所，而一如鱼之常处深渊，得水自在，才是民利国福。

《老子》此云圣人无事的太上之治，下仅知有之，百姓自在而常足，皆谓我之自然而得。如是，牛鬼蛇神自不会生发它乱神怪力的作用；再逼进一层说，也不是牛鬼蛇神起不了它乱神怪力的作用，而是牛鬼蛇神即使有其乱神怪力的作用，也不能伤害复归于朴、常德乃足的人；更真切地说，也不是牛鬼蛇神的乱神怪力的作用，伤害不了人，根本就在圣人无事而不伤害人，是以天下百姓无死地而不可伤。

此云圣人不伤人，乃老子哲学之根荄的所在，实发人深省。就儒家义言，圣人乃自觉的不伤人，然依老子的观点，圣人实可不自觉的伤人。以圣人常圣智自居，有心有为而高悬仁义，徒令天下人民自以为虚欠不足；再由仁义高悬进而标榜礼法，不免有事而强民以从，且人民莫之能应，又攘臂而引之，反见其忠信德薄，而为难变乱首了。此"民之难治"，实"以其上之有为"，人民在圣人之干扰误导下，失其自在之地，生命遂奔波于外，虚妄迷执，或依附乱神，或攀缘怪力，如是，则陷落在怪力乱神与圣智仁义的双重迫害中。故只要圣人清静无为，天下百姓即自正自化，则鬼神与圣人俱在吾人生命的自然之外，而不能伤人矣。此王弼《老子注》云：

神不害自然也，物守自然，则神无所加。
道洽，则神不伤人；神不伤人，则不知神之为神。道洽，则圣人亦不伤人；圣人不伤人，则不知圣人之为圣也。……

夫恃威网以使物者，治之衰也；使不知神圣之为神圣，道之极也。

生命在素朴自然中，心是无为虚静，固不知圣之为圣，神之为神。人之德，本丰厚自得，德之荡失，首由圣人之始制造作，遂可欲在心而欲得于外，在宠辱若惊中，妄事攀缘而迷执神道，生命遂流而不返，本真亦失而难见。是以圣人无为无事，其鬼自失去威力而自行隐退。在心之虚静明照中，德亦交归于己，而自在常足矣。故云：

夫两不相伤，故德交归焉！（六十章）

统括上述，不敢为天下先的冲虚自守，处下不争，就是不造作不干扰的圣人不伤人。圣人不伤人，神亦不伤人，老百姓不知有圣，亦不知有神，而素朴自在，此圣人无为，而百姓无不为，即是俭。《老子》云：

常善救人，故无弃人；常善救物，故无弃物。（二十七章）

善者吾善之，不善者吾亦善之，德善。（四十九章）

此一物物的存全，人人的不伤，就出乎无心而遍在的慈。人间最伟大的爱，莫过于使天下之不善人，皆自得其本德之善，与常德之足。是以由不敢为天下先的圣人不伤人，到无为而无不为的神亦不伤人；再由德归玄同而有善与不善皆善之的德善，与无弃人无弃物的常善。此不仅是守柔之弱的不敢为天下先，亦是无为而无不为的"俭"，又是无心而遍在的"慈"了。

（三）不失其所者久，死而不亡者寿——积德守母

老子哲学的生命精神，其内在根源在其慈，其发用于外则为以道莅天下。此以道莅天下，一是重积德的啬，二是无为而无不为的俭；而二者的表现皆是不敢为天下先的圣人不伤人，神亦不伤人。如是，德归玄同，由一己之德而朗现道之玄德。善者固善，不善者亦善，由不伤人而无弃人，正是人间最深根固柢，可以长久的母德之慈。所谓长久，《老子》言之曰：

不失其所者久，死而不亡者寿。（三十三章）

天长地久。天地所以能长且久者，以其不自生，故能长生。（七章）

知常容，容乃公，公乃全①，全乃天，天乃道，道乃久，没身不殆。（十六章）

飘风不终朝，骤雨不终日，孰为此者？天地。天地尚不能久，而况于人乎？（二十三章）

知足不辱，知止不殆，可以长久。（四十四章）

---

① 据劳健《老子古本考》之说，改"王"为"全"。

重积德，则无不克；无不克，则莫知其极；莫知其极，可以有国；有国之母，可以长久。（五十九章）

　　此云天长地久，又云天地尚不能久，以前者无心，后者有为。无心则素朴无为，如如自在，心虚静而不起执，不掉落在时空的差别相中，是与天道同在，与自然同其长久。有为出乎有心，心一起执认知，道即为之封限，人当下已处在相对格局的有限世界中。若再由可欲而欲得的投入这一争逐的行列，则生命外逐，更滞陷在层层的存在困顿中。故知止则心不造作，知足则生命不外逐，如是心是虚静，自显其知常之明，与能容之大，能容则玄同万物，由内在的重积德，与超越的贵食母，而有莫知其极的玄德。故能大公兼全，即有如天道自然之可大能久。

　　此中所谓之长久，是通过心之虚静明照所朗现，由重积德贵食母而开显，故非事实义，而为价值义。是所谓不失其所，乃归根复命，积德食母，知止知足，自在自得，以其不落在时空的条件系列中，故言可以长久。所谓死而不亡，是说生命历程的有生有死，乃生命的自然现象；此一死生的现象，诚然是在生灭流转中，然就道的生化作用而言，却是如如长在的，故曰久言寿，是在致虚守静之明照中，而当下呈露，在归根复命之自然中，而当体具足的。《老子》云：

　　既得其母，以知其子；既知其子，复守其母。（五十二章）

所谓"贵食母"与"复守其母"的"母",就是"天下有始,以为天下母"的"道",此超越的为天地万物的根,亦内在的为天地万物的命。是归根复命,就是由重积德的不失其所,到复守其母的死而不亡。也就是说,天地万物虽由道尊之母而贞定德贵之子,然吾人在生命的历程中,要能不断地从现境中超越,通过内在之德向超越之道作一回归,使生命境界能层层翻越,步步升扬。否则,德之贵在现实流转中,若不能贵食母与复守其母,可能会陷溺滞落。故吾心"损之又损"的抛开知相,舍离欲求,而当下获一虚静明照,即可开显"玄之又玄"之不断飞扬升越的生命境界。此即玄同万物,众德交归的玄德。《老子》描述此等微妙玄通的体道之士云:

敦兮其若朴,旷兮其若谷,混兮其若浊,孰能晦以理之徐明①,孰能浊以静之徐清,孰能安以动之徐生?保此道者,不欲盈。夫唯不盈,故能蔽而②新成。(十五章)

"敦兮若朴"言其德之敦厚,"旷兮若谷"言其德之虚静,"混兮若浊"言其德之包容,此谓"保此道者,不欲盈"。此其生命气象呈现于外,是晦、浊、安的无为,然此中自有其理之徐明、静之徐清、动之徐生之无不为的妙用,故谓"能蔽而新成"。是老子之虚静,并非寂灭,而是在大解脱之后,有其大

---

① 据王弼注文,增补"孰能晦以理之徐明"一句。
② 据易顺鼎《读老札记附补遗》之说,改"不"为"而"。

自在，而为成就一切新生命的起点。

老子言自然，就道体而言，是超越的自然，就心境而言，是价值的自然。二者皆非现象义、事实义。自然一词，若相对于人文而言，则仅显其朴质义，此一如《论语》"文胜质则史，质胜文则野"之朴质义的质，而一般浪漫文学反抗文明重回自然的呼声，亦属此素朴义。老子的自然则相对于他然而言，则已从整个自然界之因果关系的条件系列中超拔出来，而显其自在自得的精神境界，是为超越义、价值义。

综合本节，老子哲学的生命精神，其内在根源发动，在母德之慈，其发用于外，在以道莅天下。圣人之以道莅天下，一在清静无为的不敢为天下先，是圣人不伤人，神亦不伤人，令万物自生自长，而各得其所，此为其消极义；二在无为而无不为的俭，此常善救人，不善者吾亦善之，已由不伤人到无弃人，此为其积极义。而在主体修证上，亦由玄同万物，而开显众德交归的玄德，人的生命已由存在的有限而开出精神无限之路。

第二节　政治智慧

老子哲学，由致虚守静的主体修证，一者有其道法自然之形上道体的体会，二者有其微妙玄通之生命境界的开显，并由是而稳住了其政治人生之无为而无不为的价值归趋。唯其对生命有其洞见批判，故特显其生命精神，唯其对政治亦有其超越反省，故独开其政治智慧。此非仅人生祸福得失的应世之道，亦非仅历代兴亡成败的治人之术，故不泛泛地言人生哲学而云生命精神，亦不笼统地言政治哲学而云政治智慧，以其所探讨者不在实然的因应上言成败得失之道，而在价值的寻求上开超拔自得之境。

（一）圣人无常心，以百姓心为心

一部《道德经》，虽开出了其独步千古的形上学体系，然吾人研读《老子》，总觉得其哲学的精神，仍落在政治人生的痛切反省与价值批判上。是以，即使描述其形上体会的文字，仍以圣人当如何作结，如"是以圣人抱一为天下式"（二十二章）、"是以圣人终日行不离辎重"（二十六章）等，更不用说探讨政治哲学的专章了。故言圣人之治者，散见各章。《老子》云：

> 圣人无常心，以百姓心为心。善者吾善之，不善者吾亦善之，德善；信者吾信之，不信者吾亦信之，德信。圣人在天下，歙歙为天下浑其心，圣人皆孩之。（四十九章）

圣人无主观自执之心，而仅是清静无为，以百姓心作为自己的心。儒家期求圣人由格致诚正而修齐治平，以移风易俗，教化天下；而道家却要圣人取消自己，而辅助百姓之自然而不敢有为。故以百姓心为心，此百姓不能是无所归属的天涯沦落人，尤其不善不信吾亦当善之信之的说法，更是悖离儒门教义。此《老子》云：

> 民之难治，以其上之有为，是以难治。（七十五章）
> 天地相合，以降甘露，民莫之令而自均。（三十二章）

天下人民本素朴自足，其所以难治，就在其上之有为，故有圣人伤人之说。是善者与不善者之分，不在本质上有此壁垒分明的界域，而仅是圣人之主观独善的产物，由圣人之既定标准视之，彼为不善不信，若抛开心执而有的知相意念，在虚静心的观照下，是所谓的不善不信者，就其自身言，则莫不善莫不信，此之谓自均本自然的德善常善。故圣人在天下，首当收敛自己，为天下人浑化自己的有执既成之心，而有如婴儿的无心天真而笑语自在。圣人莅天下之初衷，本在成全天下人民；未料，身受权力欲的诱引，遂兴发其好大喜功之心，反以自己的心知模式与价值规准，强加在老百姓的身上，广大民心民意，一直被压抑而浮显不出。故圣人为天下浑其心，圣人皆孩之，就是圣人的自化其心、自成其德厚如婴儿的虚静，而以百姓心为其心。故曰：

> 明白四达，能无知乎？（十章）
> 用其光，复归其明。（五十二章）
> 光而不耀。（五十八章）
> 前识者，道之华而愚之始。（三十八章）

圣人致虚极，守静笃，由是而有心之虚静明照。此一观照之光，固可照彻四方，然若不通过无为的涵化，将此一照显一切的理性之光，化归为内在的涵藏之明，必刺眼伤人，故云光而不耀。此王弼《老子注》云：

以光鉴其所以迷，不以光照求其隐匿也。

虚静心一如明镜，可照破"人之迷，其日固久"（五十八章）与"虽智大迷"（二十七章）的虚妄迷执，然并非以其光来揭露人心的隐私，此已属有心伤人之行，故云绝圣弃智。若恃智用事，则已沦为前识者的有为预断，天道本是一自然，强以人心去测定其动向，则所得仅为道的浮华糟粕，是为走向愚妄的开始。故云：

天之所恶，孰知其故，是以圣人犹难之。（七十三章）
取天下常以无事，及其有事，不足以取天下。（四十八章）

圣人不敢有心妄断，而犹以为难，是由虚静无心而无为无事，以百姓心为重，始足以治天下。至若所谓之无事，《老子》言之曰：

圣人自知不自见，自爱不自贵。（七十二章）

圣人为而不恃，功成不处，其不欲见贤。（七十七章）
圣人不行而知，不见而名，不为而成。（四十七章）

圣人光而不耀，复归其明，而自知者明与不自见故明，是圣人之"明"白四达，亦在自知而不自见，此即明道若昧，大白若辱之意。再进一步言之，自知之知，是不行而知；功成之成，是不为而成。不自见，是不见而名；不自贵，是不欲见贤。能虚静自知，故能无为自爱，能不自见，故能不自贵，此之谓圣人之取天下，常以无事之意。《老子》云：

是以圣人常善救人，故无弃人，常善救物，故无弃物，是谓袭明。故善人者，不善人之师，不善人者，善人之资。不贵其师，不爱其资，虽智大迷，是谓要妙。（二十七章）
用其光，复归其明。无遗身殃，是为习常。（五十二章）

上述两章，加以综合比观，由复归其明而言袭常，此亦知常曰明之意。且以袭明，言善人之不贵其师，亦不爱其资，此心明照，始足以常善救人、常善救物，此亦圣人无常心，以百姓心为心。吾人以为，此当为老子政治哲学的第一义。政治之所以有其存在的理由，就在实现每一个百姓之成为他自己的价值，这就是所谓的德善与常善。而此一理想要能实现，其首要在圣人之绝圣智、弃仁义的无心虚静，才能无为无事，以百姓为政治活动之价值实现的主体。此所以严几道会有"黄老之道,民主之国之所用"①之说,再衡诸今日之民主社会而言,老子此说仍为一切政治家与民意代表所应有的风度与修养。

(二) 为无为,事无事

1. 处无为之事,行不言之教

上节言圣人无圣智自为之心,而以百姓的素朴之心为其心,本节则由无常心而言无为、无事。《老子》云:

  为无为,事无事,味无味。(六十三章)
  处无为之事,行不言之教。(二章)
  为无为,则无不治。(三章)

为无为,看似矛盾,实则其意在:圣人之所为,乃出乎自然,无心而为。其所处理者为无为之事,所施行者为不言之教。前者有"无为而无不为"之效,后者为"希言自然"之功。既无为而不劳,又得自然之妙,故曰无不治。此无为之说,《老子》更言之曰:

  悠兮其贵言,功成事遂,百姓皆谓我自然。(十七章)
  道常无为而无不为,侯王若能守之,万物将自化。化而欲作,吾将镇之以无名之朴。(三十七章)

---

① 《老子道德经评点》第5页。

悠兮贵言，是处无为之事，行不言之教；功成事遂，是无不为，无不治。然百姓皆谓是我自己如此的，根本不知此乃圣人处无为之事，行不言之教之功，此即君上所为之无为，所事之无事。在天下人民"化而欲作"之时，圣人之所为，乃以无名之朴镇之，既云镇之则不免是为，然所镇之者仍为无名之朴，故所事者是无事，所为者是无为。

老子之哲学，根本上要"人"无为，而归于"道"之无不为，落于政治言之，则要"圣人"无为，而归于"百姓"之无不为，故曰"辅万物之自然，而不敢为"，故曰"圣人无常心，以百姓心为心"。《老子》云：

  我无为而民自化，我好静而民自正，我无事而民自富，我无欲而民自朴。（五十七章）

我无为好静，无事无欲，此为圣人之无为；民自化自正，自富自朴，此为百姓的无不为。而其本就在：

  将欲取天下而为之，吾见其不得已。天下神器，不可为也。为者败之，执者失之。（二十九章）
  常有司杀者杀。夫代司杀者杀，是谓代大匠斫。夫代大匠斫者，希有不伤其手矣。（七十四章）

天下本属一神妙组合的整体和谐，天地万物的生灭，皆在天之道"损有余以补不足"的"不争而善胜，不言而善应"的自然中进行，此之谓"司杀者杀"的常道。此中没有人为介入的余地，心一起执造作，对自然的脉搏律动而言，适成干扰破坏，故曰为者败之，执者失之。是执政者，求以有为而取天下，必如代大匠斫，不仅是事实的不可能，且有自伤其手之害。

由是言之，君王自当无心虚静，而辅成万物之自然而不敢为。此《老子》云：

> 美言可以市尊，美行可以加人①。人之不善，何弃之有？故立天子，置三公，有拱璧，以先驷马，不如坐进此道。（六十二章）

此美言美行，非自然无为之美善，《老子》云："信言不美，美言不信。"（八十一章）故属有心有为之言行，志在市尊与加人。虽可赢得一时的赞美与他人的敬重，然圣人之以道莅天下，此为"有道者不处"的"余德赘行"②，故云人之不善，何弃之有？君王无为，人人莫不善莫不信，善人得宝，不善人亦有所保，是以立天子置三公的权位，与有拱璧以先驷马的威势，皆不如坐守此道之无为不劳，而得无不为的自然之妙。

---

① 据《淮南子》的《人间训》《道应训》引，增补"美"之一字。
② 据刘师培之说，改"食"为"德"。

2. 为之于未有，治之于未乱

老子的政治智慧，不在问题发生之后，再思以补救之解决方案的提出，而在根本上寻求消除问题之所以形成的可能因素。此《老子》云：

> 和大怨，必有余怨，安可以为善。是以圣人执左契，而不责于人。有德司契，无德司彻。天道无亲，常与善人。(七十九章)
>
> 大小多少，报怨以德。(六十三章)
>
> 治大国，若烹小鲜。(六十章)

当争端已起，大怨已成，再思以消解之道，则为时已晚，或许尚可求得一时的和谐相安，然若造成此一破裂对抗的因素不去除，则怨怒必有复发再现之时，故曰必有余怨。根本消解之道，就在报怨以德。此怨之所以生，起于我心的不虚静，以一己之心知执取去衡断天下，凡与自己之价值规准不合者，即判之为不善者，凡不接受或认同自己之心知模式者，即断之为不信者。如是，已将此等不善不信者，排除在圣人的权势圈外，甚至视之为叛徒，由是而生怨怼之情与敌对之意，已构怨于天下。故如何对待此等吾心有怨之人，莫若吾心虚静，以照显其人之本德。如是，不善不信者皆可善可信，敌意一消解，怨怒自不生矣。故圣人执左契之根本，仅求符应对方，而不在其人之辙迹枝末来责求对方。是天道虽无亲不仁，却老是助引自然无为的人。由是言治道，不当有为有事，虽治大国，当若烹小鲜一般的不敢搅动。是大小多少，其意在治大若小，治多若少，无为无事，怨即无从生。此《老子》言之曰：

> 是以圣人无为故无败，无执故无失。民之从事，常于几成而败之，慎终如始，则无败事。是以圣人欲不欲，不贵难得之货；学不学，复众人之所过，以辅万物之自然而不敢为。

（六十四章）

此章最值注意者，在慎终如始。既云民之从事，常功败于垂成之际，故老子似乎要人们坚持最后五分钟，能慎终一如其始，以求贯彻始终的意思。此说就上下文的脉络言之，不能通贯，而衡诸老子之义理系统，亦甚为不顺。吾人以为，老子思想讲清静无为，本就要吾人打散胜人者有力与强行者有志的可欲之心与欲得之志，怎会要吾人奋斗到底，作一最后的冲刺？故义理上要能顺当讲下，则慎终如始，此一"如"字当另求新解。依吾人之见，此一如字与"风雨如晦，鸡鸣不已"之用法同，可当"于"解。故此章意在告诉吾人，天下事所以功败垂成，不是不够坚持或冲刺不足，而是一开始就出了大问题。此一问题在，不知足又不知止，而有执有为；一有执有为，必有败有失。是以消解之道，唯在不起心知造作，生命自不会外逐散落。是欲不欲，学不学，即是无执无为，一者本身不尚贤不贵难得之货，二者亦可救众人造作外逐之过，仅辅成万物之自然顺遂，而不敢有为。故曰：

> 古之善为道者，非以明民，将以愚之。民之难治，以其智多，故以智治国，国之贼；不以智治国，国之福。（六十五章）

《老子》言民之难治，以其上之有为，此所谓之有为。一者是以其食税之多，朝甚除而田甚芜，卒陷天下人民于饥饿之境；二者是以国之利器示人，导引天下人民以昭昭察察为明，而自离其昏昏闷闷之愚。此明为分别心，愚为无分别心。有分别心，故有执有为，而必败必失；无分别心，自无执无为，而素朴自在。故曰民之难治，以其智多。是以智治国，必国家滋昏，故为国之贼；不以智治国，则天下自定，故为国之福。这就是"为之于未有，治之于未乱"（六十四章），根本不使天下滋生难题，自陷困局。又云：

> 是以欲上民，必以言下之；欲先民，必以身后之。是以圣人处上而民不重，处前而民不害，是以天下乐推而不厌。（六十六章）

言下之，正是行不言之教，身后之，亦是处无为之事。如是，圣人既不贵不尚，天下人民亦不起可欲之心与欲得之志，自可知足知止，素朴自得。此其所以然之故，就在圣人欲上而言下，欲先而身后，正可以维系政治场上的和谐。圣人已位居民上，权在民先，若不知言下身后，以求平衡，则必形成老百姓的重压，而深以为害。若能绝圣弃智，处下不争，尽管客观的权位居于民上民先，在百姓主观的感受上，亦可消除上下的对抗，而不以为重，不以为害，自会乐推而不厌。此《老子》言之曰：

民不畏威，则大威至。无狎其所居，无厌其所生。夫唯不厌，是以不厌。是以圣人自知不自见，自爱不自贵。（七十二章）

若圣人不知言下身后，由于仅知自贵而侮慢天下人民的日常起居，绝断了他们的生路；由于仅求自见而让他们失去了存在的尊严与意义，而厌弃了自己的生命。如是，天下人民不再畏惧暴力，则乱民并起的大暴乱，必随即而至。故云他们不厌弃自己的生命存在，也就不会厌弃治理他们的政府。此《老子》又云：

太上下知有之，其次亲而誉之，其次畏之，其次侮之。信不足焉，有不信焉！（十七章）

太上下知有之，为道家无心无为的大道之治；其次亲而誉之，为儒家有心有为的仁义之治；其次畏之，为法家"吾得执而杀之，孰敢"（七十四章）的大伪之治；其次侮之，即"民不畏威，则大威至"，由畏之到侮之，此乃一线之间，政府信不足，人民即有不信。故云：

> 其政闷闷，其民淳淳；其政察察，其民缺缺。（五十八章）

政府无为，人民无欲而常足；政府有为，人民则有欲而不足。

由上言之，圣人无常心，不自见不自贵，言下身后，而以百姓心为心，使天下人民不以为重，不以为害，自会乐推而不厌；二者圣人清静，不以智治国，即非以明民，将以愚之，天下人民自不会强行有志，胜人有力，而落于功败垂成的终局。由前者言，是为"使夫智者不敢为也"（三章），由后者言则为"常使民无知无欲"（三章），也就是闷闷则淳淳，察察则缺缺之意。如是，事未有已为之，国未乱已治之，这正是"为之于未有，治之于未乱"的绝高智慧。

3. 图难于其易，为大于其细

老子言圣人之治天下，以百姓心的呈显，为其价值之所在。为了实现此一理想，一者行不言之教，处无为之事，使百姓知足常足，不离于朴；二者为之于未有，治之于未乱，在问题尚在酝酿阶段而未产生时，已为之有方，治之有策。《老子》云：

其安易持，其未兆易谋。（六十四章）

此言政局在安定太平中，易于持守维系，国事在未见兆端时，易于图谋规划。也就是《老子》言"啬"之早服与"俭"之用广，乃在国难之未有时，即有所为，在乱事之未萌处，即有以治。故严格言之，天下之无事，并非本有自定，而是圣人为无为，事无事之功。老百姓在"安平太"的宁静中，根本不知政治场上随时可起的风暴，已在圣人洞烛机先的明照无为中化解，根本不知此为圣人之"执大象"始有以致之者，还以为这一切都是我自己如此者，是自化自朴者。这真是既简易而又高明，做了一切似乎什么也没做一般，在轻描淡写的谈笑间，已消除危机于无形。

其次，是在难事之初起处，乱局之微细处，即早加破解打散，而不使其凝聚或汇成大难。《老子》云：

图难于其易，为大于其细。天下难事，必作于易，天下大事，必作于细。（六十三章）

其脆易泮，其微易散。……合抱之木，生于毫末，九层之台，起于累土，千里之行，始于足下。（六十四章）

天下难事，必由其简易处积累而有，天下大事，必由其微细处汇归而成。此一如合抱之大木，必生于毫末的萌芽成长，九层的高台，必起于累土的堆积高筑，千里的长行，必始于足下的逐步推进。就在其初起细微之时，最容易打散，在甫生简易之时，最容易破除，故圣人之为大图难，当于其易其细之际，早施为图谋，而不坐视星星之火，自成其燎原之势。故曰：

> 是以圣人终不为大，故能成其大。夫轻诺必寡信，多易必多难。是以圣人犹难之，故终无难矣。（六十三章）

真正的政治家，决不好大喜功，只因在问题之初起细微处，已打散消解，而不坐视其凝聚成大，或汇归为难。如是，始能成其"治人事天莫若啬"的大智慧，故曰圣人终不为大，故能成其大。一个人轻易许下诺言，必难践履信守，也就是人为造作，必难逃"为者败之，执者失之"的命运。故治理国事，面对乱局，在其初起甫生之时，不予正视而思以破解者，必积累而成大难。是以圣人视简易为难，而敬慎处理，决不会成其大难之局。

历代功业彪炳，显赫一世者，由老子"治大国，若烹小鲜"的政治智慧言之，实不足道，亦无可观，此既未防患于未然，又未能治之于机先，坐失"其脆易泮，其微易散"之机，在大患国难已成之际，再大有为的力挽狂澜，成其英雄霸王之业。归根究底言之，其不落于畏之侮之而大威至者几希。此《老子》云：

见小曰明。(五十二章)

是谓微明。(三十六章)

能见微知著，由小见大，才真是洞烛机先，有其知常袭常的虚静明照。且以小治大，以少御多，才是俭而能广，啬则早服的妙道高明。吾人即由是而言老子的政治智慧。

(三) 小国寡民的桃花源

老子哲学的政治智慧，首在圣人无常心，以百姓心为心，此绝圣弃智，圣人不伤人，堪称老子政治思想的第一义。其次在为无为、事无事的简易高明：此中行不言之教，处无为之事，是圣人不尚不贵，清静无为，使民无知无欲，素朴常足；为之于未有，治之于未乱，是在事之未有，国之未乱时，已深谋远虑，预作安排，此等未雨绸缪之举，状似无为，实已为于未有，治于未乱；图难于其易，为大于其细，则在乱事难局之细易萌芽处，早加打散消解，而非待其成为大难时，始有为有事的忙乱求功。

此一哲人的理想，政治的智慧，落实下来，就是小国寡民的理想国。《老子》言之曰：

小国寡民，使有什伯之器而不用，使民重死而不远徙。虽有舟舆无所乘之，虽有甲兵无所陈之，使人复结绳而用之。甘其食，美其服，安其居，乐其俗。邻国相望，鸡犬之声相闻，民至老死不相往来。(八十章)

小国寡民，王弼注云：

> 国既小，民又寡，尚可使反古，况国大民众乎？故举小国而言也。

此国小民寡而使返古之说，恐非老子原义，且国小民寡可使返古，况国大民众的推论，亦反常悖理。吾人以为，此中之国小民寡，并非意在返回古之部落社会，且亦不在量上言，而当在心境上说。《老子》云：

> 朴虽小，天下莫能臣也。侯王若能守之，万物将自宾。（三十二章）
> 朴散则为器，圣人用之，则为官长。（二十八章）
> 常无欲，可名于小。（三十四章）
> 人之所恶，唯孤寡不谷，而王公以为称。（四十二章）

所谓小，乃就无知无欲与无名之朴说；所谓寡，即孤寡不谷之谓，或就绝圣弃智，以百姓心为心之虚静无为说，或就受国之垢，受国不祥之处下承担说。圣人用朴，始能为百官之长，侯王守朴，万物将自正自化，而王公又以孤寡不谷自称。凡此之说"小"言"寡"，皆就圣人之主体心境说，而非客观存在之大小多寡的具体衡量。且《老子》又云："大小多少，报怨以德。"亦是以小治大，以少御多，常善救人与不善亦善等无为而无不为之意。故小国寡民，正是清静无为之素朴社会的表征。此既是圣人之无为心境的表露，已为价值义，而非事实义。故以老子小国寡民之理想国，是为复古主义之说，实为误断。

依吾人之见，小国寡民正是对当时列国政局之统治权力的泛滥，与功利社会之物质文明的烂熟所作的反动。此梁任公论道家思想之精神云：

> 凡烂熟之文明，必流为形式的相率以伪，此其宜诅咒者二也。①

渡边秀方言老子哲学亦作如是观：

> 大概是因当时主知的周代文化，正由烂熟期移于颓废期，礼法烦琐，纷扰无止。他有意于根本更新，复于自然状态，所以特为此说。他这说内含许多警世的反动的意味。②

由"殷尚质而周尚文"说来，时周文不免礼烦政苛，且行之日久，亦不免僵化扭曲，而殷政之精神在宽，当时之儒道两家又具有殷文化的背景，孔子为殷裔之后，道家楚地又为殷民流布之地③。孔子以质救文，老子则以质反文，也就是在周文

---

① 《先秦政治思想史》第107页。[编按：作者所引《先秦政治思想史》出版时间、出版者不详。]
② 《中国哲学史概论》第110页，台湾商务印书馆，1967年1月台2版。
③ 参见萧公权先生《中国政治思想史》第19—25页。

烂熟颓废之际，有其重振殷文化之质，以救周文化之文的呼声。如孔子以"刚毅木讷近仁"，又以"巧言令色鲜矣仁"，刚毅木讷是为朴质，巧言令色则为文饰，言君子则云"文质彬彬，然后君子"，是孔子言仁，可能即由殷政宽简尚质的精神，透过其自觉体会而得。而老子以"礼者，忠信之薄而乱之首"，又以"前识者，道之华而愚之始"，其绝圣弃智，复归于朴的思想，亦是承自殷文化之尚质在宽而有。

老子对其小国寡民之素朴社会，有一段具体的描绘，今试加条列分析如下：

其一，"使人复结绳而用之"：此言圣人之清静无为，不仅"始制有名，夫亦将知止"，且"吾将镇之以无名之朴"。圣人自家不起造作之心，且带百姓复归于"不欲以静"之境。

其二，"使有什伯之器而不用"：此言由无为无事而无知无欲，朴散则为器，圣人守朴，万物自宾，故虽有利器巧智，亦无所可用。

其三，"使民重死而不远徙"：心知不造作，不起可欲之心与欲得之志，生命自不外逐，由是而知足常足。故安土重迁，而不流落于外。

其四，"虽有舟舆，无所乘之；虽有甲兵，无所陈之"：人之生命既内在自足，而不外求，故虽有舟舆，实无所乘之；既素朴自在，而不争逐，故虽有甲兵，亦无所陈之。

其五，"甘其食，美其服，安其居，乐其俗"：此为无狎其所居、无厌其所生之正面的陈述。侯王清静无为，百姓之甘食美服，乃自甘自美；圣人不伤人，天下之安居乐俗，亦自安自乐。甘美安乐，皆就心之自在说。由是可知，道家之理想国，乃反朴归真，而非倒车开回原始的野蛮。

其六，"邻国相望，鸡犬之声相闻，民至老死不相往来"：此邻国相望，意谓并非遗世独立，在国与国间，仍面对相望，以其虚静相照，而显现其距离的美感，此一照显相知而有的精神沟通，就是所谓的鸡犬之声相闻。然虽相照相知，却不往来频繁，亦不相互干扰，而维持其自我的独立与整体的和谐。

此为老子素朴而非野蛮、独立而不孤寂之理想国的轮廓。有谓老子为无政府主义者，此萧公权先生论之曰：

> 老子无为之政治哲学，略似欧洲最彻底之放任主义，而究与无政府主义有别。……故就理论上言，老子所攻击者非政治之本身，而为不合于道德标准之政治。①

依吾人之见，老子并非不为，而是为于未有，并非不治，而是治于未乱，且为之于事之初起、乱之乍现的细易处，以万物在自然之化的历程中，受外在物象的牵引，会有"化而欲作"的冒起，故素朴自然的社会，实有待于圣人之辅万物之自然，镇以无名之朴之功。

此一自在和谐之人间社会的构画，其后再现复活于陶渊明

---

① 《中国政治思想史》第172页。

的桃花源,此一哲人心境,在诗人笔下,又有一段真切的描述。此一穷尽桃花林,而在林尽水源处,豁然开朗,呈现在武陵渔人的自然景观是:

其一,土地平旷,屋舍俨然,有良田、美池、桑竹之属。

其二,阡陌交通,鸡犬相闻。

其三,其中往来种作,男女衣着悉如外人。黄发垂髫并怡然自乐。

其四,问今是何世,乃不知有汉,无论魏晋。……辞去,此中人语云:"不足为外人道也。"

这正是老子甘其食,美其服,安其居,乐其俗,与邻国相望,鸡犬之声相闻,民至老死不相往来的真实写照。故小国寡民的桃花源,是哲人的超越理境,也是诗人的心灵意境,是精神飞越之理境的开显,是生命自在之人格的投射,有其真实的意义,而不应贬之为逃避人群之幻想式的乌托邦。

总括全章,老子形上哲学的价值归趋,就在政治人生。是老子在人生上特显其生命精神:由内在之慈的根源发动,在圣人不伤人的消极义之外,并进而成就众德交归食母玄同的玄德,与成全不弃人无弃物的整体和谐。在政治上独开其政治智慧:一者由圣人无常心、以百姓心为心的虚静能容,将价值实现的主体定在百姓的身上,二者由为无为、事无事的简易高明,或令天下人民素朴自在,或防患于未然,或洞烛机先,弭祸及时,而有其小国寡民之理想社会的远景。

第六章

价值重估与历史回响

吾人研究一家哲学，除了探讨其思想本身的理论系统，能否证立圆成而外，尚可考察其哲学思想落实下来的历史回响，再回头评估其哲理是否圆满，与能否贞定其自己？当然，理论本身与其历史回响，是有其距离的，在政治社会的实务中，已加入了历史时势的后起因素，与人事因缘的外在牵扯，甚至其对后世所生发的动变影响，乃来自其思想的糟粕而有的扭曲形相，而非出乎其思想菁华而有的集成高明。故其成败得失，自非老子自家所能负责。然至少可以反映出其理论系统之不能自足，而有被扭曲或转向的缺陷。故本章有关老子哲学体系的价值评估，乃透过其历史回响，来加以反省衡定。

第一节　价值贞定不住，生命无所归属

老子哲学道法自然与心之虚静的清流激荡，能正面挺立而开出的，一是庄子心斋坐忘以逍遥齐物的精神人格，一是荀子虚壹而静以知类明统的大清明心。前者是生命的，后者是心知的。前者生命一路，后由告子、慎到而落为魏晋名士的才情任放；后者心知一路，则由荀子之能虑能择而落为申韩黄老之利害计量。告慎魏晋是生命自我的求全顺应，申韩黄老是政治权术的因应运用。吾人若衡之以老子抗周文之礼法桎梏，与救儒

家之圣智有为的原始初机,自以前者为道家之正路,后者则显为歧出。吾人试在《韩非子》的《解老》《喻老》与王弼注之间,作一对看,仍以魏晋之心态较为相应,对老子义理的诠释把握,亦较为恰当深刻。

吾人考察老子哲学所以有此等的扭转,除了《道德经》的言简意赅语焉未详,而可资假借另起玄义而外,而老子之形上体悟仅显其无为妙用,故历代注解家与各家思想,皆能借着其立身之时代问题的反省,而另有转进开展。此中值得一说的是,庄子的哲学,虽属道家一脉,然已深得孔门颜回安贫乐道,不违如愚之生命意态的陶冶;到了《天下》时代,则更进一步,已见儒道合流,而转言内圣外王之道了。反之,荀子的哲学,虽属儒家一路,然其天之自然义,与心之虚静清明义,皆深得老子的启发,由是而言"其善者伪也",与"制天命而用之",此自然无善而善在人为之说,适与老子本义对反,故其说乃出乎道而又极端反道家者。到了《大学》《中庸》《易传》的年代,不仅孟荀之学已汇归一炉,且《大学》言明德,《中庸》言自明诚,与《易传》言一阴一阳之谓道,则已消化道家,不再是儒道歧出,而直是归本儒学了。

由是言之,庄子与荀子,可谓深得老子思想之菁华,而有所推进或转出者。庄子是援儒入道,而荀子则援道入儒,皆已非老子哲学的本来面目,而是在儒家找到价值的贞定与生命的归属。否则,即无以正面挺立或开出。且老子之形上玄义,亦非乱世人心所能体现而有的,是以一者而有告子、慎到与魏晋名士的生命颓落，二者而有申子、韩非与汉初黄老的治术流转。此其原因，就在人心苦闷、精神崩落的世代里，老子哲学的生命精神，固通透不出去，其政治智慧亦豁显不开来。由此一生命精神的失落与政治智慧的扭曲，相当暴露出老子哲学价值无所贞定，生命失其归属的弱点。

（一）告子、慎到与魏晋名士的生命颓落

战国中期，有三位哲人的思想，虽未见奥义玄理，而其显露出来的绝望无奈，却深值注目沉思。一为宋荣子的"见侮不辱"，二为告子的"不得于言，勿求于心；不得于心，勿求于气"，三为慎到的"弃知去己，而缘不得已"。宋荣子的哲学，本属墨家一脉，在兼爱非攻的政治理想落空破灭之时，墨家才士一者流为江湖侠客的私剑抱不平，二者则转向宋荣子的身家见侮，仅能在内心拒绝接受，而不以为辱。此一如孟施舍在暴力威逼之下，仅能内求无惧，虽有不屈服之勇，亦见其无力反抗的悲凉。告子由不得于言，而退为勿求于心；再由不得于心，而退为勿求于气。此由外之言而返归于内之心，再由心之致虚守静，而回到专气致柔，已十足的显现其为道家性格。此中"不得于言，勿求于心"，意谓吾人面对他人的言语与社会的现象，内心不得而有所不安时，则当封闭吾心，以保住此心之孤明；"不得于心，勿求于气"，意谓至若吾心孤明，已封闭不住外力侵扰，而被打破时，则并此心亦放下不留，而将生命自我放逐于自然形气之场。慎到的"弃知去己"，出乎老子的致虚守静，无知无欲，"缘不得已"，则与老子之归根复命的自在自得大异，而仅顺任外在不得已的自然物势，一如枯草飞舞空中而随风飘落，此反映出乱世人心所受到的伤害，已超乎其所能承载的极限，仅求一如土块般的无心无知，就不再有感觉，不知有痛苦了。吾人试想，在漫天烽火、举世滔滔中，宋荣子、孟施舍被迫放弃了外在的世界，而把自我封藏在吾心之内；甚至吾心一隅之苟安亦不可得，告子、慎到再把生命流放到无心无知的物势与血气之地了。告子、慎到不知老子虚静玄同与专气致柔的真用心，卒取消了人的精神自我，而转成块然一物了。事实上，老子所谓之自然，乃超越的自然，而非物理之势的自然，是价值的自然，而非生理之气的自然。慎子但见老子的处下不争，而不知其守柔常和，可以长久而成其大之义。故《天下》谓其道非道，非生人之行，而至死人之理。

此中原因，吾人试加探讨，就在老子哲学，是由主体修证而开显之境界形态的形上学，无仅是一作用、一境界，在心之致虚守静、无为无事的背后，并未进一步的规定其真实内容。此一进路，由负面反省入，仅志在消散生命的造作外逐而有的拘限困顿，而获致其心志的解脱自在。然此一解脱自在，仅是一空灵作用的消解，而未有实理内容的生发，仅是一精神自由，而不能安立人间之政教礼法，故正面挺不出来，以其浮显不出道德意识，显现不出实事实物之故。此一精神的自由，虽是一切价值之所以可能的起点，然实不能定住其自己，亦不知要飘向何方。若未有庄子之妙道，荀子之清明，未有庄子由小而大、由大而化之精神人格的涵养与心灵境界的开发，亦未有荀子之知类明统、师法礼义之化性起伪，道贯百王，仅有老子之无，实不能有所贞定，自安自足。是以必沦落为慎到的"弃知去己""块不失道"，与告子的"不得于心，勿求于气"了。即使魏晋名士有其天生才性的俊秀飘逸，亦仅能显其智解妙悟，以其缺乏实修实证的人生修养，无文化理想与道德生命为其精神人格的支柱，故"唯显逸气而无所成"，其生命未有深厚的历史传统，虽能旷达自适，然未见大心胸大气魄，生命显得特为单薄悲凉。此牟宗三先生言之曰：

> 说到学问，无论是知识的或德性的，皆须有一股真性情：有追求真理的真诚，有企慕德性的真诚。如此，学方大方切。王郭之玄学，虽于老庄之本体能极相应而尽其蕴，然只是在名士气氛下一点智光之凝结，故不可说大说切。故只是解悟之玄，而不是人生修养上之实修实证。……故王郭之玄学，是清谈玄解之玄学，而彼并非道家也。……"不大"言其不能反照生命开种种意识，"不切"言其不能会之于己而为存在的体悟。①

也就是说，此为智悟的，而非生命的，仅是一距离的美感，旁观的清明，而欠缺实证的功夫、投入的承担，故未有生命存在、价值体现的真实意义。

---

① 《才性与玄理》第81页。

(二) 申子、韩非与汉初黄老的治术流转

道家之流入法家，其转关在慎到①。超越一切而又遍在一切之道的地位，为无不在的治国之"法"所取代；而道之动的天地之和，亦转为无不禁的君上之"势"，道之用的虚静之弱，落于心则有自知知常之明，用之于政治，则发为君王无不知之"术"。此无不禁之势与无不知之术，某些当代学者以为来自老子《道德经》的思想余风。章太炎先生言之曰：

> 《老子》亦有极端专制语，其云"鱼不可脱于渊，国之利器不可以示人"，非极端专制语而何！②
>
> 《老子》书中有权谋语，"将欲歙之，必固张之；将欲弱之，必固强之；将欲废之，必固兴之；将欲夺之，必固与之"是也。……历来承平之世，儒家之术，足以守成。戡乱之时，即须道家，以儒家权谋不足也。……盖拨乱反正，非用权谋不可，老子之真实本领在此。③

钱穆先生亦引《老子》上述二语，断定此为圣人权术，且为愚人之圣也。云：

> 彼既窥破了天道，善为运用，以成为圣人之权术，而又

---

① 参阅拙著《韩非子的哲学》第42—46页，台湾东大图书公司，1977年8月初版。
② 《国学略说》第161页。[编按：作者所引《国学略说》，出版时间、出版者不详。]
③ 前书第162—163页。

恐有人焉，同样能窥破此天道，同样能运用，同样有此一套权术，以与圣人相争利。故《老子》书中之圣人，乃独擅其智，默运其智，而不使人知者。①

必至老子，乃始转尚实际功利，重权术，迹近欺诈，彼乃把握自然而玩弄之于股掌之上，伪装若无为，而其内心蓄意，则欲无不为。②

太炎先生，不过寥寥数语，点出《老子》有权谋语、专制语而已；钱穆先生则直以权谋术数来通观《老子》全书，以为是《道德经》的真精神所在，此说则不免言重矣。

《老子》被引证为权谋专制之说者，为三十六章，被断定为愚民之说者，为六十五章。吾人今试解析其义，《老子》云：

将欲歙之，必固张之；将欲弱之，必固强之；将欲废之，必固兴之；将欲夺之，必固与之，是谓微明。柔弱胜刚强，鱼不可脱于渊，国之利器，不可以示人。（三十六章）

古之善为道者，非以明民，将以愚之。民之难治，以其智多，故以智治国，国之贼；不以智治国，国之福。（六十五章）

前一段话，遍观各家注义，以憨山大师最得善解：

---

① 《庄老通辨》第117页。
② 前书第19页。

此言物势之自然，而人不能察，教人当以柔弱自处也。天下之物，势极则反，譬夫日之将昃，必盛赫；月之将缺，必极盈；灯之将灭，必炽明：斯皆物势之自然也。故固张者，翕之象也；固强者，弱之萌也；固兴者，废之机也；固与者，夺之兆也。天时人事，第人所遇而不测识，故曰微明。斯盖柔弱胜刚强之义耳。①

老子言明，乃由心之虚静而有的明照，此一自知知常之明，是无心而映显，故由固张而知将翕，固强而知将弱，固兴而知将废，固与而知将夺。此一如飘风骤雨之强行有志，胜人有力，自失其天地之和与阴阳之和，故在道之"复归于无物"的作用中，而有翕弱废夺之物壮则老、不道早已的终局。故既言微明，虽见微知著，亦当属虚静无心，又何来权谋算计？也就是说，心的虚静明照是超越的无分别心，根本不算计，也就谈不上权谋了。下文即由是而统言柔弱胜刚强，意谓守柔居弱，正所以得其常和之既大且久，而"鱼不可脱于渊"，与"国之利器，不可以示人"，亦承此而言，并非《韩非子·喻老》所谓"势重者，人君之渊也"与"赏罚者，邦之利器也"之说。鱼不可脱于渊，正是所谓不失其所者久，且《老子》又云："心善渊。"（八章）故渊为处下居弱，不离于朴之意，又何来势重之专制？所谓利器，意指巧智，国之利器，所以不可

---

① 《道德经解》上篇第95页，台湾琉璃经房倡印流通，1972年1月再版。

以示人，就因"民之难治，以其智多"，且不可以示人，亦重在圣人自身之不尚不贵与不见可欲，对老子而言，圣智仁义尚且要绝弃超离，何况权谋术数？故"非以明民，将以愚之"，并非是愚民，而是使民复归于朴。《老子》又云：

我独泊兮其未兆，如婴儿之未孩，……我愚人之心也哉！（二十章）

此既言圣人自家首当返朴归真一如婴儿，并非予智自雄，则何能谓之为愚民之圣人？

是则，谓老子思想为权谋专制与愚民之说，可能就老子为法家所消化，为天下帝王家所运用之后而言，此则前有申韩之法术，后有汉初黄老之治术。《老子》言"道常无为而无不为"，无为其体，无不为其用，而体用为一而非二，道之真常，就在自然无为之当体，即显其无不为之妙用，不可解为道的无为，是为了无不为，如是无为而无不为，即断为两截，无为成了手段，无不为才是其真正用心。吾人再看《老子》所云：

圣人后其身而身先，外其身而身存。（七章）
欲上民必以言下之，欲先民必以身后之。（六十六章）

此谓圣人后其身，反见身在民先，圣人言下之，反得位居民上，此亦无为而无不为之当体即用，而不是圣人先怀身先上民之心，始有其后身言下的演出。若不识此义，则老子之柔弱胜刚强，必难逃故示柔弱以成刚强的权谋诈术了。且《老子》书中，不仅不同情儒家圣智之有心与仁义之有为，对法家之"以死惧之"的强力统治，更是痛加批驳。云：

> 民不畏死，奈何以死惧之！若使民常畏死，而为奇者，吾得执而杀之，孰敢？（七十四章）

此言若君上求生太厚，既自见又自贵，到了天下人民眼看存在尊严荡然无存的时候，则法家以死惧之的严刑峻罚，即有时而穷。故就法家言，亦当在天下人民"不厌其所生"之时，作奸犯科者皆执而杀之，才有吓阻说服之效。否则，"民不畏威，则大威至"（七十二章），必由"畏之"而"侮之"，卒致乱世暴民蜂起并出而后已。

由是而言，老子哲学的三宝，申韩得其"俭"，慎到得其"不敢为天下先"，然同失其首要之"慈"，故不免流为苛薄寡恩。老子之道术，由于道之内容，在无的作用中，不能有所规定。故慎到所谓道而非道，仅成自然之势，而转为舍人取势之势治说；韩非以法取代道，故道术转成法术，由人无为而道无不为，转为人无为而法无不为，再转为君上虚静无为而可明照天下之术，以烛私止奸。汉初黄老，即老子之清静无为，杂糅申韩"刑名之言"而成的治术。此牟先生言之曰：

而且此种"作用地保存"亦只有道家修养工夫，达至圣人至人之境地，方能有此无碍之境界。此纯属于有主观修养之圣人个人的事，并无客观普遍之意义。……但此种作用，在客观政治方面，却只能用之于帝王个人，故曰君人南面之术。①

吾人再看出土未久，抄写于汉初的《帛书老子》，此一如《韩非子》之《解老》《喻老》，均《德经》在前，而《道经》在后，正显示汉初所谓之黄老，是出乎法家观点，以诠释老子思想的黄老②。且与《帛书老子》合卷抄写而同时出土之四篇有关黄帝的书，可能就是《汉书·艺文志》中著录的《黄帝四经》，其书开宗明义云：

道生法，法者，引得失准绳，而明曲直者也。③

此明言由道而生法，正是援道入法的证明④，且书中多言刑名绳法，此吾人证诸《史记·儒林列传》所云：

孝文帝本好刑名之言，及至孝景，不任儒者，而窦太后又好黄老之术。

---

① 《才性与玄理》第360页。
② 参见《帛书老子研究》一文，载于《帛书老子》第89—107页，台湾河洛图书出版社，1975年12月台排印出版。
③ 《黄帝四经·经法》，见《帛书老子》第193页。
④ 参见《黄帝四经初探》一文，载于《帛书老子》第239—251页。

《老子韩非列传》亦云：

> 申子之学，本于黄老，而主刑名。
> （非）喜刑名法术之学，而其归本于黄老。

足见汉初所谓黄老，就是道家言杂于申韩之后的产物，其本重在轻徭薄税，与民生息的清静无为。章太炎先生云：

> 自来学老子而至者，惟文帝一人耳。
> 盖文帝以老庄申韩之术合而为一，故能及此。①

综合上述，老子之虚静明照，仅是一清冷的观照，若未得其坤道母德之慈，则"旨约而易操，事少而功多"的俭，可能堕为权谋术数，"无建己之患，无用知之累"的不敢为天下先，亦不免成其块然一物了。不管是申韩或黄老，未有其形上体悟，则道退隐不见，仅术流落人间，不是申韩法术，就是黄老治术了。是老子超越的形上之道，与内在的虚静之德，落实下来，一者其超越玄同的生命精神，落于告子、慎到与魏晋名士的生命颓落，二者其虚静无为的政治智慧，亦转为申子、韩非与汉初黄老的治术流转。此其关键，就在无仅是一作用，而未有其实质的内容。吾人试就儒门教义，以见老子思想的不足。孔子曰：

---

① 《国学略说》第162页。

> 知者乐水，仁者乐山；知者动，仁者静；知者乐，仁者寿。(《论语·雍也》)
>
> 仁者安仁，知者利仁。(《论语·里仁》)
>
> 知及之，仁不能守之，虽得之，必失之。(《论语·卫灵公》)

老子言"上善若水"，又显其自知知常的虚静明照，足见是近于智者型的哲人。仁者不必有待于外，即能自安自足，故静如山岳之贞定恒常；知者以其有如流水一般的因应万方，故有利于行仁，却永不能自我修证而得其安足。是仅有知的高明，而未有仁的厚载，虽得光照显豁，必失其生命的归属。此价值上贞定不住，故其生命精神与政治智慧，遂散落各家，为诸子所援用，亦为后人所扭曲。

且老子言无的作用，孔子亦有通权之说，云：

> 可与共学，未可与适道；可与适道，未可与立；可与立，未可与权。(《论语·子罕》)

此言吾人虽立身于道，然尚得更上一层的知其权变，才不会为道所限，故曰："人能弘道，非道弘人。"足见儒家亦有权变求通的智慧。然孔子的真用心，勿宁是在坚持一原则：若生命未有所立，徒言权变，则仅有随机因应一路，反而堕为大虚无。因为人不能肯定什么，也不能驻足下来，只能把自己放逐到每一存在的时空去顺任飘浮，只能不断地无掉现有的存在，如是，不落在人际关系的固定之网中，才能保得住主体的自由，而不被既有的所拘牵限定。此状似超越，实无异于逃离。而这就是老子哲学的缺憾不足，其仅见理性的光照，而乏生命的情热，其故无此，其堕为慎到魏晋，与流向申韩黄老的原因，亦在此。牟宗三先生言之曰：

> 注意到政教，立见老庄学之不足。其总症结是在道家思想中"内在道德性"之不立。先秦道家，其立言之初机，外在关联的说，本是对没落之周文之虚伪而发。仁义礼法即如其为外在而外在地视之，而自然天真，则必由对于此外在之桎梏之直接否定而显。此为自然天真之建立之破裂形态或激愤形态。即此自然天真之破裂形态，遂构成道家思想与仁义礼法之本质的冲突，因而亦是永恒的冲突。……进一步复有一内在地自生命自身说的原始初机，此即是对于一切人为造作，如生命之纷驰，意念之造作，观念之系统等之害事之真切感受。再进一步，如何消化此人为造作而达至自由自在、自我解脱之自然无为之境界，方是道家真用心之所在，因而亦即在此使道家思想成为定型，成为人之精神生活途径方面之定型。而即在此使道家思想成为定型处，遂使道家思想永不能接触人之内在道德性，成为对此领域之永久封闭。①

此言道家外在地求以反抗周文桎梏之历史的偶然，在其内在

---

① 《才性与玄理》第359—360页。

地志在消解一切人为造作之生命原始的初机之下，此一自然天真的追寻，遂与一切现存之礼法政教，完全处于激愤的破裂形态，如是在自然与名教之间，竟形成永恒的冲突。这是由历史的偶然，转为本质的必然，使得道家思想成为定型，永不能触及内在道德性，并造成对此领域的永久封闭。老子哲学在价值上不能自足，在生命上终告滞落的缺憾，由其历史回响中已充分的显露了出来。

第二节　精神主体的自由，艺术之美的观照

吾人谓老子哲学，在价值上贞定不住，生命无所归属，这一评估对道家来说，恐非相应而令人心服之论。因为根本上，道家即在无掉一切既定之价值规准的作用中，呈显一绝对的冲虚与主体无所归属的自由。此一由绝对冲虚而显现的主体自由，就是道家哲学之价值的所在。

且此中更存有一吊诡，其不在本质上肯定"是什么"，而仅在作用上求以"如何保存"的虚心妙用，本当依附一正面挺立出来之人文教化有如儒家者，才真能以其豁醒消散的作用，而保存可能僵化扭曲的礼乐名教[1]。未料，老子哲学，由其外

---

[1] 牟宗三先生《才性与玄理》第293页云："窥道家之意，实是想将仁义礼文，乃至圣智推进一步，提升一步，而至'至仁、至义、至圣、至智'之境界，而期依诡辞为用的方式，由'无心为道'以实现之。此是作用的保存之，而不是儒家本体地肯定之。"第294页："对礼法而言，既不是积极地肯定之，亦不是积极地否决之，而只是体无通有，和光同尘，而不觉其有碍，故能至仁义礼法圣智之真也。"

在地反周文桎梏之历史的偶然,却逼出其内在地求以冲破一切生命纷驰、意念造作之反人文礼教之路,遂与儒家形成本质的破裂。是以,这一"作用地保存"的心志自由,顿失去其生命的归属,价值上定不住,其窥破天机的高明智慧①,仅在庄荀二家之归依儒家处,有其逍遥齐物与知类明统的挺立转出,此其而下则不免流为告子、慎到与魏晋名士的生命颓落,并转出申子、韩非与汉初黄老的治术流转,更别说为兵家、纵横家所吸收运用,形成外交上之纵横捭阖之权术,与军事上不战而屈人之兵与攻心为上的谋略,甚至流落江湖,被附会为神仙丹鼎的道教了②。

这一本质上求以作用地保存人文礼教的真用心所在失落了,却意外地以其精神主体的自由,开启了展现生命才情之美的艺术文学之门。这反而是道家哲学落在历史长流中所形成之最直接、最深远的影响。吾人无以名之,当真是应了老子自家"无为而无不为"的说法了。

此一路显然不是荀子心知一路,而是顺庄子生命一路开出的。老子"致虚极,守静笃",生命无所挂搭,纯是一自然、一自在自得之境,当下豁显一主体的自由。此一主体的自由,牟宗三先生言之曰:

---

① 钱穆先生《庄老通辨》第116页云:"《老子》书中,却像有一个天道隐隐管制着不许不平等。但这些天道,却给一位怀着私心的圣人窥破了。"
② 参见张师起钧《老子》第55—57页,台湾协志工业丛书出版公司,1958年2月15日初版;刘师培先生《国学发微》第56—57页,台湾广文书局,1970年10月出版。

至少可以说它是永远停在"主观之用",而永不能实体地建立其自己,挺立其自己,客观化其自己之境,因而亦永远是偏面的主观状态之主体。……只有向两方向伸展;或是作道家工夫,向"非道德而超道德的自然无为之主体"走,或是只成为浪漫泛滥的文人生命之感性的主体。[1]

此言道家的正途,原在呈现一非道德而超道德的自然无为之主体。所谓的超道德,即求以超越在人文礼教的定执拘限之上;所谓的非道德,就是由此一超越一切规约既有而显的主体自由。这一自然无为的主体,仅停留在主观之用,并不能决定什么,也永不能客观化地挺立其自己。就为了存全这一非道德而超道德的主体自由,却不必要地走上了反道德的路子。由是引发了儒道的对抗与自然名教的冲突,遂转为浪漫文人之感性的主体。这一发展,下开两路:一为名士生命的才全自然,一为山水田园的意境升越。

(一)名士生命的才全自然

老子自然无为的虚静心,不能承担什么,却有其返照之明。明是一直觉观照,不起可欲之心与欲得之志,心志的活动一解消,当下成立一无所为而为之纯观赏的趣味活动,外在物象在吾心不作任何判断的直观下,呈显出其本来面貌。这一呈显,是未有主客之对待,而能所一如的。此心非儒家之仁,不

---

[1] 《才性与玄理》第375页。

能有尽己之忠与推己之恕，对自我生命与社会群伦而言，仅是一不投入的旁观，不免有置身事外的凄冷悲凉。然万物却在吾心的静观中，不被吾人主观的知相意念所拘限决定，既不在可欲中扭曲，亦不在欲得中滞落，而显现其自在之真与自得之境。儒家亦有"充实之谓美"之说，而所充实的是可欲之善与有诸己之信。此与老子不善亦善不信亦信之虚静返照还其本来的德善德信不同。德是透过主体自然无为的修养而得，以其自然无为，故显其朴质未凿，天真浑成，道家即以此朴质天真为美。故曰："美言不信。"又曰："辩者不善。"（八十一章）盖美言与巧辩，已有心有为，不是不善亦善不信亦信之无心自然的德善德信了。儒家之仁本是德性心，乃一切道德行为之所以可能的超越根据，此心发用，面对人的小体之欲，下一可不可的价值判断，如是吾心所认可的欲也是善，且善之成德，端赖己之有心，为之有得，此有之于己的善，就是自我担当，自修自证的信。故儒家以成就道德之善为美，道家以存全生命之真为美。此为两家之极大分异处，并由此而开展吾国文学史上"文以载道"的道统文学，与返归自然的浪漫文学两路，前者如屈原、曹植、杜甫、白居易一路，后者如陶渊明、李白、王维、苏东坡一路。

老子在可道非道、上德不德的反省下，谓："天下皆知美之为美，斯恶已。皆知善之为善，斯不善已。"（二章）此一者谓美善非心知执取之美善，而为自然无心之美善，二者言固执滞落于世俗美善之现境的话，则更高一层之美善，即无由开出，是美非美，善亦非善。前者无心而自然，后者言超越而无限。道家老子即由无心而超越，由自然而说无限。不心知执取，则不受限定，亦不被伤害；不生命滞落，则虚心常照，美境自在。再真切地说，自然无为的真，就是善，也就是朴质无华的美。

由是可知，道家致虚守静之真用心，本求以挣脱礼文政教的拘限，得一精神大解脱、大自在的主体自由。其后由"无为而无不为"之求以自由的支配世界，转为无所为而为之得以自由的观赏世界，前者为无为之为的政治智慧，后者为无用之用的生命情调，此中的转变，显然是透过庄子的转化[①]。

这一由老子开出、庄子转化之精神主体的自由，落实下来，与刘劭《人物志》系统之才性品鉴的美趣智悟作一结合，落在魏晋名士的身上，则为玄理上之智解妙悟与生命上的任放旷达。前者即所谓的玄学名理，后者即所谓的才性名理。此牟宗三先生言之曰：

> 《人物志》之品鉴才性，即是美的品鉴与具体智悟之混融的表现。智悟融于美的品鉴而得其具体，品鉴融于智悟而得其明澈。其品鉴才性之目的，固在实用（知人与用人），然其本身固是品鉴与智悟的结晶。它既能开出美的境界与智的境界，而其本身复即能代表美趣与智悟之表现。因此，故能开

[①] 参见徐复观先生《中国艺术精神》第45—143页，台湾学生书局，1967年10月再版。

出"才性名理",而为有系统之妙著,下开王何向郭之"玄学名理",乃是品鉴与智悟之用于道理者。①

老子之生命精神,本非落在具体的才性,而在超越的冲虚之德。魏晋名士由《人物志》而有具体的才性品鉴,由老子之虚静明照,而有其超越的玄理智悟,故魏晋名士的生命,一者是具体的生命才情,二者是超越的生命情调,前者是美趣的艺术境界,后者是智悟的智悟境界。

且纯就生命的放任旷达而言,不仅是阮籍之"礼岂为我设耶",与嵇康之"非汤武而薄周孔",甚至玄理上的智解妙悟,亦可不必要,而转成多余。故嵇康评向秀之欲注《庄子》,云:"此书讵复何注?正是妨人作乐耳。"无论才性与玄理,皆非名言所能尽,是真名士,乃由老子、庄子所转出的艺术精神,与《人物志》的才性品鉴融会一炉,在自我生命上作一全幅的体现,而显其美趣智悟的生命情调。此牟宗三先生亦云:

> 至于就当时能清言玄言之名士之生命情调言,如中朝名士、竹林名士、江左名士等,固全幅是艺术境界与智悟境界之表现。艺术境界有两面:一是他们的才性生命所呈现之神采或风姿,二是先天后天所蓄养的趣味。②

---

① 《才性与玄理》第64—65页。
② 前书第65页。

神采或风姿，固是才性生命的具体表现，而其风神的生命情调，又有赖于智悟之开发，才能有其趣味的蓄养。吾人以为，吾国诸子百家，能显其具体生命之精彩的，首推墨家徒众之自苦独任、义无反顾的豪情壮烈，此显生命才情的阳刚之美，魏晋名士的美趣智悟，则显其生命才情的阴柔之美。这都是生命才情无所委屈、不加转折的直接迸裂而出，故特显其豪壮与天真之美。故《天下》对墨子的评价是枯槁不舍的才士，而《人物志》也仅能欣赏英雄的风姿神采。此与孔孟之道德承担的阳刚，老庄返归自然的阴柔，亦自不同。以墨家才士、魏晋名士，皆是具体之生命才情的流布，孔孟圣贤、老庄真人，则是超越之生命精神的体现。此徐复观先生亦言之曰：

> 老庄思想当下所成就的人生，实际是艺术地人生，而中国的纯艺术精神，实际系由此一思想系统所导出。①

魏晋名士，冲破礼教之藩篱，脱落人文之伪饰，将老子形上之玄理，与人物品鉴之才性结合，而有其艺术的人生。由是并将老子超越的主体自由，转为感性的艺术精神了。

(二) 山水田园的意境升越

老子哲学之超越的生命精神，固不在魏晋名士之才性生命的任放自然，而名士具体之才性生命的直接冒出，亦不必在山

---

① 《中国艺术精神》第47页。

水画田园诗之胸中丘壑的曲折渲染中表现。然整个魏晋是在新道家的精神氛围中，其名士生命本身，就是艺术精神的表现，且有助于文学艺术之艺术性的自觉[①]。即以陶渊明的田园诗与谢灵运的山水诗而言，若无老子之心的虚静明照与生命的超越自在，即涵泳不出来。此徐复观先生云：

> 要能表现出山水的气韵，首须转化自己的生命，使自己的生命，从个人私欲的营营苟苟地尘浊中超升上去，显发出以虚静为体的艺术精神主体。这样便能在自己艺术精神主体照射之下，实际即是在美地观照之下，将山水转化为美地对象。[②]

有了虚静心，人才能从心知意念与道德实用的缠结中，超离出来，一者有从事美之观照的艺术精神主体，二者也才能把天地自然化为美之观照之艺术表现的对象。有了"结庐在人境，而无车马喧，问君何能尔，心远地自偏"的人，才能有"采菊东篱下，悠然见南山，山气日夕佳，飞鸟相与还"之超拔自得的心胸意境。如是，自然的田园山水才能成为人的精神依托与生命栖息之所。

在田园诗篇而外，尚有山水画境的高旷邈远。吾国绘画艺术，魏晋人物画求其传神，唐宋山水画则求其气韵生动，人物

---

① 参见《中国艺术精神》第319页。
② 前书第212页。

画尚离不开仙佛的思想，山水画始归本于道家的自然山水。重要的转变人物，则是诗中有画、画中有诗的王维。山水画就是由王维的水墨淡彩，通过五代的荆浩，至北宋的唐元、李成，始告成熟。故王维被目为南宗文人画之祖。

山水画不是摹写自然，其所画出的山水，不是感官所对的物象山水，而是在胸中开展的自然真姿。不仅画千岩万壑、木石烟云，以求诗意于山水，且由自我生命的人格陶养与襟怀担当，往外投射，赋予山水以隐逸的性格，或丰厚挺拔的生命，故有"人品已高，画品自高"之说。故山水画的创作，不求物象的形似，而重在胸中块垒的抒发，此即成竹在胸、意在笔先之意。吾国山水画的特色，不仅在独具之勾勒线条的笔上见气之刚，与没骨淋漓的墨上显韵之柔，且更根本的是，由自然山水的偏远一角，以表现绝对的天地精神。此正是"行到水穷处，坐看云起时"与"江流天地外，山色有无中"的美妙意境。此以常有观徼，常无观妙，在可道与不可道之间，搭建一道桥梁，在恍兮惚兮，其中有象，窈兮冥兮，其中有精中，表达出其无状之状，无物之象[①]。

由是而言，山水画的高妙，就在以"有"显"无"，故特重画面的空白余留，以表现意在言外之意。让人的想象心灵，通过虚无的玄思，引入高远清妙的超越领域，而得意境于象外。是山水画特重人的生命逸趣与精神陶养，一方面是艺术作

---

① 参见吴师经熊《哲学与文化》第74页。

品的真实表现，另一方面也是生命价值的体现完成。

山水画由文人逸士之隐逸趣味的自然流露，转向仁人志士使命担当之心胸气节的郁积表现，始渐趋深厚博大之境，此已触及人的道德生命，故特显其悲剧性，而深具撼动人心的力量，而不止是田园乡居、山水冶游的自然景观而已！此一文人画的传统，由元之倪瓒，明之董其昌，至明末四僧石涛、八大、髡残、渐江，而臻高峰。此已渐离道家意境之优美淡远，而成就儒家生命之悲壮崇高。此其表现，与魏晋名士的生命，与唐宋山水画的精神，已有不同。元季明末之亡国之痛的冲击，与政治暴力的迫压，使文人志士不再能一如魏晋名士的放任才性，也不能一如王维、李成的安放山水，而是借山水之形，以自抒胸中之气，是以不再是单纯的道家生命。他们深怀儒家的性情，有心担当，却不为时代所接受；又不能自安于自然，求诗意于山水，此之谓两不着边。陶渊明的田园诗，自成一格而意境升越，乃其儒道两家的性格得其平衡之故。而文人画的大家，尤其是明末四僧，却彷徨失落在内圣外王与山水田园之间，总觉得人间政教与自然山水，皆安放不下自己的生命，故其画境的孤高突兀，正是此一生命扭曲破裂的表现[①]。

综括全章，老子哲学的价值评估，从其生命与心知两路的历史回响，已可见其大端。其作用地保存的本质性格，必依附开出人文礼教的儒家，始能彰显其自家的价值，如庄子之逍遥

[①] 此与台湾辅仁大学哲学系学生江日新先生论学而得。

齐物，与荀子之知类明统。此其而下，与儒家破裂，庄子生命一路则堕为告子、慎到与魏晋名士的生命颓落，而荀子心知一路则转入申子、韩非与汉初黄老的治术流转，以其无的作用，不能规定其内容，故在价值上贞定不住，生命亦无所归属。然就在这一价值未定、生命失依之下，却显现其精神主体的自由，而转为艺术之美的观照。这一艺术精神的突起开展，下开两途：一为名士生命的才全自然，一为山水田园的意境升越。唯吾人若在道家精神的山水诗意，与注入儒家生命的文人气节，作一比较，亦显出道家精神之不足，以其少了一分气魄担当的崇高之格，也缺了一分撼人心弦的悲壮之美。此以儒家"用之则行，舍之则藏"（《论语·述而》），本涵有道家生命情性之自我安顿与排遣的性格。

结　语　现代意义

吾人以为，道家哲学虽有其价值贞定不住、生命无所归属的缺憾不足，故挺不出政教礼法，自不能成为政治人生的正面领导。然其生命精神与政治智慧，却可在政治人生的缠结困顿与心知欲求的滞落陷溺中，发挥其豁醒消散，以至于提撕升越的力量。其艺术精神的转化，更使多少世代以来的吾国子民，得其心灵的净化，维系人生的平衡，并重振生命的活力。吾人甚至可以说，中国的文化传统，本是儒道两家孕育而成的双重性格，中国人的生命情态，也有儒道两家微妙结合的和谐平衡。故中国历代文人，一方面是勇于执着的，另一方面是富于情调的；一方面是严正承担的，另一方面是超化放旷的。中国传统社会，一方面是闭锁的，滞留不前的，似乎没了生气；另一方面却是开放的，前进不已的，而富有生机。儒家的伦理社会，加上道家的艺术人生，使得吾国历史传统，在礼教沦为教条、濒临崩溃之时，也能有其自我调整，开展新机的生气与活力[1]。

---

[1] 参见拙著《文化复兴与现代化》第107—112页，台湾正中书局，1974年4月出版。

老子哲学，本在对儒家之仁义礼智的道德规条，作一超越的批判反省，而求以作用地保存人文礼教的真精神。故与儒家结合，始能有其正面的开展。若与儒家破裂，走非道德的路子，则不堕为告子、慎到与名士生命，就是转向申子、韩非与黄老治术。此吾人读古人书，而求以用心有得，首当深思反省者。

图书在版编目（CIP）数据

老子的哲学 / 王邦雄著 . — 南宁：广西人民出版社，2024.5
（新师说）
ISBN 978-7-219-11678-4

Ⅰ. ①老… Ⅱ. ①王… Ⅲ. ①《道德经》—研究 Ⅳ. ① B223.15

中国国家版本馆 CIP 数据核字（2023）第 234902 号

桂图登字：20-2023-161

著作财产权人：©东大图书股份有限公司

中文简体版通过成都天鸢文化传播有限公司代理，经东大图书股份有限公司授予广西人民出版社有限公司独家于中国大陆地区发行、散布与贩售，非经书面同意，不得以任何形式，任意重制转载。

老子的哲学
LAOZI DE ZHEXUE
王邦雄 / 著

出 版 人	韦鸿学
策 划	白竹林
执行策划	吴小龙
责任编辑	许晓琰
责任校对	覃丽婷
封面设计	刘瑞锋（广大迅风艺术）

出版发行	广西人民出版社
社　　址	广西南宁市桂春路 6 号
邮　　编	530021
印　　刷	广西民族印刷包装集团有限公司
开　　本	880mm×1240mm　1 / 32
印　　张	7.5
字　　数	155 千字
版　　次	2024 年 5 月　第 1 版
印　　次	2024 年 5 月　第 1 次印刷
书　　号	ISBN 978-7-219-11678-4
定　　价	52.80 元

版权所有　翻印必究